▶心理学検定対応キーワード集付き

こころと行動のメカニズムを探る

心 理 学

越智啓太　編著

高砂美樹	米村朋子
丹藤克也	二瀬由理
野畑友恵	坪井寿子
東海林麗香	田島　司
中村　晃	相良陽一郎
原田恵理子	重森雅嘉
大上　渉	著

樹村房
JUSONBO

はじめに

　この本は，心理学についての2単位の入門講義のテキスト，参考書，副読本として編集されたものである。もちろん，それ以外にも，心理学について興味を持っている一般の方々や心理学を専攻したいと思っている高校生や社会人学生の皆さんの自習書としても使えるようになっている。

　本書の執筆陣は，ほとんどが40代前半以下の若手研究者で，しかも各人が自分の研究で日本の心理学界をリードしている注目の学者たちである。彼ら自身が，今もっとも興味を持っている分野について，初学者向けに，その基礎を熱く語ってもらったのが，この本である。だからある意味，この本はとても贅沢な入門書になっている。そのため，各章の細かな展開の仕方や語り口についてはあえて，統一感を出すようにはしなかった。読者の皆さんは，心理学の全体像を学習するとともに，第一線の若手研究者の個性も楽しんでもらいたい。

　ところで最近，心理学関係諸学会連合が中心となり，「心理学検定」が始まった。これは心理学の知識についての検定試験である。心理学検定の詳細については心理学検定のホームページ（http://www.jupaken.jp/）等を見ていただきたいのだが，本書で心理学を勉強したら，次に是非，心理学検定にチャレンジして欲しい。そこで本書では，心理学検定を受けるに当たって，理解しておく必要があるもっとも重要な用語を「心理学検定」のホームページに掲載されているキーワード集等を参考にして，さらにセレクトした本書独自の「心理学検定対策用のキーワード集」を作成し，付しておいた。本文中に対応した説明があるものについては，その該当ページも付けておいたので，是非活用して，検定合格を目指してもらいたい。

　なお，この本の製作に当たっては，最初に企画をもってきていただいてから完成まで，樹村房の石橋雄一さんに終始たいへんお世話になった。この場を借りてお礼を申し上げたい。

　　平成24年1月

　　　　　　　　　　　　　　　　　　　　　　　編者　　越智　啓太

＊この本の効果的な使い方＊

1．はじめから順番に読んでいくこともできます。この本の構成は通常の2単位の教養の心理学の半期分にほぼ対応していますので，自習でこの本を利用する方は，最後まで読めば，大学の半期分の授業を体験できます。

2．自分の興味を持った章から，あるいはその章だけ読むこともできます。このテキストはそれぞれの章を別の専門家が書いているため，ある章を読んで理解するに当たって他の章の知識を前提としません。ですから「私は，犯罪心理学についてだけ知りたい」という人は，その章だけじっくり読んでも理解可能です。

3．自分で考えてみる。大学の授業は単なる暗記科目ではなく，知識を基にいろいろと考えてみることが重要です。その手がかりとなるように，各章ごとに設問を付けています。設問の答えは付いていませんが，本文をじっくりと読んでみれば明らかになるものが多いので，自分の知識と応用力を試すために是非，トライしてください。

4．心理学の勉強の中で，最も重要なものの一つが，専門用語の理解とその正確な使い方の習得です。専門用語を使いこなせるようになると，より複雑な行動を理解することが可能になります。本文中の重要な用語は，末尾の「心理学検定対応キーワード集」に記載されているので，その意味を理解して，使いこなせるようにしましょう。

5．心理学検定受験者の人が参考書として使う場合，始めにざっと読み，心理学の全体像を理解した上でキーワード集に挙げられている専門用語が理解できているかどうかを順番にチェックしていくという方法が有効です。もし，不明なものがあれば本文の該当ページに戻ったり，心理学事典等を参考にして，理解を完全にしてください。本書では，枚数の関係ですべてのキーワードについての説明が本文中にあるわけではありませんので，他の参考書や事典も手元に置いて勉強してください。

6．大学院，心理職の公務員試験の受験者は，心理学検定よりもより進んだ勉強が必要です。キーワード集の単語を見て，それが理解できているかだけでなく，自分でその定義やそれに関連する研究が200字程度で説明できるようにしましょう。

　　ではみなさん，楽しんで心理学をマスターしてください。

も く じ

はじめに …………………………………………………(越智)…*iii*

第1章　心理学史と心理学方法論 ………………………(高砂)…*1*
1　心理学の成立 …………………………………………*2*
（1）心理学の前史 ……………………………………*2*
（2）19世紀における心理学の展開 …………………*3*
（3）日本における心理学の誕生 ……………………*4*
2　20世紀の心理学の展開 ………………………………*5*
（1）20世紀の3大潮流 ………………………………*5*
（2）20世紀後半における心理学 ……………………*7*
3　心理学の方法論 ………………………………………*8*
（1）法則定立的／個性記述的な研究方法 …………*8*
（2）実験的研究／相関的研究 ………………………*9*
（3）データの収集と仮説的構成概念 ………………*10*

第2章　知　覚 ……………………………………………(米村)…*13*
1　目から知る世界 ………………………………………*14*
（1）視覚が生じるまで ………………………………*14*
（2）対象が「何であるか」を知る：
　　明るさ・色・形の知覚 …………………………*15*
（3）対象が「どこにあるか」を知る：
　　奥行・動きの知覚 ………………………………*18*
2　耳から知る世界 ………………………………………*20*
（1）聴覚が生じるまで ………………………………*20*
（2）対象が「何であるか」を知る …………………*21*
（3）対象が「どこにあるか」を知る …………………*22*

（4）　声を知る ……………………………… 23
　3　身体から知る世界と注意の関わり ……………… 24
　　（1）　知覚のつながり …………………………… 24
　　（2）　注意の働きと他分野との関連 ……………… 25

第3章　学 習 ……………………………………（丹藤）… 27
　1　学習理論の基礎 ……………………………………… 28
　2　学習の基本的メカニズム ………………………… 28
　　（1）　古典的条件づけ …………………………… 28
　　（2）　オペラント条件づけ ……………………… 31
　　（3）　社会的学習（観察学習） ………………… 34
　3　学習理論の応用：行動療法 ……………………… 35
　　（1）　系統的脱感作 ……………………………… 35
　　（2）　トークン・エコノミー法と
　　　　　シェイピング法 ………………………… 36

第4章　記 憶 ……………………………………（丹藤）… 39
　1　記憶の基本的な仕組み（記憶の基礎） …………… 40
　　（1）　記憶のプロセス …………………………… 40
　　（2）　短期記憶と長期記憶：
　　　　　二重貯蔵モデルと系列位置効果 ……… 41
　2　記憶の区分 …………………………………………… 44
　　（1）　宣言的記憶：
　　　　　エピソード記憶と意味記憶 …………… 44
　　（2）　手続き記憶 ………………………………… 45
　3　記憶の改善 …………………………………………… 46

第5章　認　知（思考と言語） ……………………………（二瀬）…*51*
1　言語 ……………………………………………*52*
（1）言語処理 ……………………………*52*
（2）言語獲得 ……………………………*55*
（3）失語症 ………………………………*57*
2　概念と思考 …………………………………*58*
（1）思考の構成要素 ……………………*58*
（2）推論の種類と
　　　それぞれで生じるバイアス ………*59*
（3）問題解決 ……………………………*61*
3　メタ認知 ……………………………………*62*
（1）メタ認知の定義と分類 ……………*62*
（2）メタ認知的研究の課題 ……………*63*

第6章　感　情 ……………………………………………（野畑）…*65*
1　感情は何種類あるのか：感情の分類 ……*66*
（1）生得的に備わっている感情：一次感情 …*66*
（2）学習によって備わった感情：二次感情 …*66*
2　悲しいから涙が出るのか：
　　感情と生理的・身体的な反応の関係 ………*67*
（1）抹梢起源説 …………………………*68*
（2）中枢起源説 …………………………*69*
（3）情動二要因説 ………………………*69*
3　笑顔は世界共通か：感情表出行動 ………*70*
（1）文化の違いと表情 …………………*70*
（2）無表情と感情 ………………………*70*

第7章　発　達（乳児期～児童期） ………………………（坪井）…*75*
1　発達の初期段階 ……………………………*76*

vii

（1）　ヒトらしさが表れる発達のメカニズム　…76
　　（2）　環境とのやりとりを展開する
　　　　　乳児期の子ども　……………………77
　　（3）　人とのやりとりを展開する
　　　　　乳児期の子ども　……………………78
　2　幼児期　……………………………………80
　　（1）　乳児期から幼児期へ　……………80
　　（2）　環境のやりとりを展開する
　　　　　幼児期の子ども　……………………80
　　（3）　人とのやりとりを展開する
　　　　　幼児期の子ども　……………………82
　3　児童期　……………………………………83
　　（1）　幼児期から児童期へ　……………83
　　（2）　環境とのやりとりを展開する
　　　　　児童期の子ども　……………………84
　　（3）　人とのやりとりを展開する
　　　　　児童期の子ども　……………………85
　4　まとめ　……………………………………86

第8章　発　達（青年期〜高齢者）………………（東海林）…89
　1　青年期の発達：アイデンティティの確率　………………90
　　（1）　青年期の発達課題としての
　　　　　アイデンティティ　……………………90
　　（2）　他者との関係性という視点から：
　　　　　生涯の課題としてのアイデンティティ　91
　2　成人期の発達：他者との親密な関係をつくること，
　　　　次世代を育成すること　……………………93
　　（1）　親密な関係をつくるということ　…………93
　　（2）　働くということについて　………………95

viii

（3）　家族のライフサイクル …………………96
　3　中年期・高年期の発達：
　　　有限性と向き合うということ …………………97
　（1）　中高年における心身及び
　　　　対人関係の変化 …………………97
　（2）　サクセスフル・エイジング ……………98

第9章　対人社会行動 …………………………………（越智）…103
　1　対人印象形成 ……………………………………104
　（1）　印象形成における中心特性 …………………104
　（2）　印象形成の初頭効果 …………………105
　（3）　形成された印象の安定性 …………………105
　（4）　ステレオタイプ …………………105
　（5）　美人・ハンサムステレオタイプ …………106
　2　恋愛関係の形成と崩壊 ……………………………108
　（1）　恋愛における外見的魅力の効果 …………108
　（2）　恋愛の進展におけるSVR理論…………108
　（3）　恋愛関係における自己開示と
　　　　関係の深化 …………………109
　（4）　恋愛関係の崩壊 …………………110
　3　対人コミュニケーション ……………………………110
　（1）　説得的コミュニケーション …………………110
　（2）　うわさの伝達を規定する要因 …………………111
　（3）　都市伝説とうわさの伝達 …………………112

第10章　グループダイナミクス …………………………………（田島）…115
　1　他者と一緒に課題に関わる ……………………………116
　（1）　正解が明らかでない場合 …………………116
　（2）　正解が明らかであると思える場合 ………117

（3）正解から離れていく過程 …………………… *118*
　2　複数の集団で課題に関わる ……………………………… *119*
　　（1）複数の集団を認知する ……………………… *119*
　　（2）複数の集団の1つに
　　　　　自己が含まれる場合 ……………………… *120*
　　（3）集団間葛藤の解消 …………………………… *121*
　3　集団で課題に関わる個人 ………………………………… *123*
　　（1）個人と集団の葛藤 …………………………… *123*
　　（2）個人と集団を取り持つ
　　　　　リーダーシップ …………………………… *124*
　　（3）個人と集団を統合する
　　　　　相互作用の形態 …………………………… *125*

第11章　性　格 ……………………………………（中村）… *129*
　1　類型論 ……………………………………………………… *130*
　　（1）クレッチマーの体型論 ……………………… *130*
　　（2）ユングのタイプ論（向性論） ……………… *130*
　　（3）タイプA・タイプB・タイプC …………… *131*
　2　特性論 ……………………………………………………… *133*
　　（1）キャッテルの特性論 ………………………… *134*
　　（2）アイゼンクの特性論 ………………………… *134*
　　（3）特性5因子説 ………………………………… *134*
　3　性格の測定 ………………………………………………… *136*
　　（1）質問紙法 ……………………………………… *136*
　　（2）投影法 ………………………………………… *137*
　　（3）作業検査法 …………………………………… *137*

第12章　臨　床 ……………………………………（相良）… *141*
　1　臨床心理学（clinical psychology）とは …………… *142*

x

（1）「臨床（clinic）」という用語……………*142*
　（2）臨床心理学の成り立ち ……………*142*
　（3）臨床心理学の構造 ………………*143*
　（4）カウンセリング・心理療法・
　　　精神医学との関係 ……………*146*
2　臨床心理学で用いられる理論・技法について …………*149*
　（1）アセスメントで用いられるもの …………*150*
　（2）アセスメントと介入の
　　　双方で用いられるもの ……………*150*
3　さらに臨床心理学を学んでみたい人へ ……………*153*

第13章　教 育 …………………………………（原田）…*157*
1　いじめ ……………………………………*158*
　（1）いじめの実態と特徴 ………………*158*
　（2）いじめの構造 ………………*159*
　（3）いじめの原因 ………………*160*
　（4）いじめへの対応 ………………*160*
2　不登校 ……………………………………*161*
　（1）不登校という言葉の意味 ……………*162*
　（2）不登校の実態 ………………*162*
　（3）不登校の背景 ………………*163*
3　仲間関係の発達 ……………………………*164*
　（1）不登校への対処 ………………*165*

第14章　ヒューマンエラー ………………………（重森）…*169*
1　ヒューマンエラーの定義 ……………………*170*
　（1）エラーの基準 ………………*171*
　（2）工学的定義 ………………*171*
　（3）心理学的定義 ………………*171*

xi

2　ヒューマンエラーのメカニズム ………………………*172*
　　　（1）　基本的な判断や行為の仕組み …………*172*
　　　（2）　ヒューマンエラーの仕組み ……………*176*
　　　（3）　ヒューマンエラーの考え方 ……………*178*

第15章　犯罪・非行 ………………………………………（大上）…*181*
　　1　犯罪・非行の原因理解のための枠組み ……………*182*
　　　（1）　社会的要因 ………………………………*182*
　　　（2）　個人的要因 ………………………………*184*
　　2　犯罪捜査と心理学 ……………………………………*185*
　　　（1）　ポリグラフ検査 …………………………*185*
　　　（2）　目撃証言 …………………………………*186*
　　　（3）　犯罪者プロファイリング ………………*188*
　　3　刑事司法の流れと犯罪・非行の矯正 ………………*190*
　　　（1）　成人犯罪者処遇の流れ …………………*191*
　　　（2）　非行少年処遇の流れ ……………………*191*
　　　（3）　犯罪・非行の矯正処遇 …………………*192*
　　　（4）　再犯防止プログラムと
　　　　　　　認知行動療法 ………………………*193*

心理学検定対応キーワード集 …………………………………*196*

引用・参考文献 …………………………………………………*209*

索引 ………………………………………………………………*222*

執筆者紹介 ………………………………………………………*228*

第1章
心理学史と心理学方法論

　心理学とはどのような学問なのだろう。また，いつ頃から始まった専門分野なのだろうか。

　哲学，社会学，教育学，人類学，精神医学，神経科学など隣接する学問分野はいろいろあるが，心理学にはそれらとは異なる固有の方法があるのだろうか。

　結論からいえば，精神やこころについて書かれたものが全て心理学に該当するわけではない。現代の心理学には心理学ならではの問題意識があり，問題解決への方法論がある。

　そのことを理解するために，まず心理学が成立した背景とこれまでの展開に関する心理学史を学び，そのあとで心理学の方法論について概観することにしよう。

（高砂　美樹）

第1章 心理学方法論と心理学史

1　心理学の成立

（1）　心理学の前史

　心理学という学問は，ある時期に急に始まったというわけではない。**エビングハウス**（Ebbinghaus, H.）は「心理学の過去は長いが，歴史は短い」という表現で，心理学には長い前史があることを指し示していた（Ebbinghaus, 1908）。

　心理学の前身はまず哲学である。ルネッサンス以降の17世紀から18世紀末における西欧哲学では，数の観念など生得的に物事を正しく理解する知的な仕組み（理性）が備わっていると考える**理性主義**と，経験によって物事の概念が後天的に獲得されるとする**経験主義**という2つの大きな流れがあった。心理学の成立にはどちらの流れも関わりがあるが，なかでも感覚を重視する経験主義においては，物事の観念の成立が絶対的なものではなく，確率的なものであることが認められていたという点で，心理学の成立により大きな影響を与えたといえる。観念同士が結びつくことは**連合**と呼ばれ，この連合は心理学における学習の原理の原点でもある。経験主義では観念の連合において最初から正しい結びつきが決まっているわけではないため，観念の連合あるいは学習における個人差を説明することができた。

　感覚を重視する考え方は，自然科学の領域でも生まれていた。19世紀前半になると精密測定機器が発達し，コンマ何秒まで測定できる時計（クロノスコープ）や，血流量を測る装置，電気刺激を与える装置など多くの実験機器が開発された。またドイツのベルリン大学を中心とする生理学者の間で，視覚や聴覚といった感覚の仕組みを説明する理論が次々と生まれ，こうした理論や実験方法はやがて心理学に持ち込まれることとなった。

　19世紀半ばになるとイギリスでは**ダーウィン**（Darwin, C.）の『種の起源』（1859）に代表されるような**進化論**が唱えられ，様々な動物種の構造の比較が

行われるようになった。これは動物種を系統的に並べるためだけではなく，人間の特殊性を明らかにするためでもあった。やがて，他の動物種と比較するものは解剖学的構造から知的能力にまで及んだ。ダーウィンの後継者であるロマーニズ（Romanes, G.）は『動物の知能』(1882) という本を著し，様々な動物の能力を比較することで**比較心理学**という分野を開拓した。

このように哲学を基盤としながらも，心理学の誕生の背景には生理学と進化論という自然科学系の要素が不可欠だったのである。

（2） 19世紀における心理学の展開

生理学や解剖学の発展によって，動物や人間の身体が，精巧な機械のような仕組みを持つことがわかってきた一方で，人間の体験においては正確に外の世界を写し取っているとはいえない現象が様々に認められた。**錯視**がその良い例であり，例えば直線であるはずの線が曲がって見えたりする。また，一つの色を長く見た後で目を逸らした時に見える色の残像現象も，物理的世界には存在しない，あくまでも個人の感覚的な現象である。このような現象には，物理世界の法則は通用しないのであり，人間の感覚のための法則を確立する必要があった。

1860年にドイツの学者**フェヒナー**（Fechner, G. T.）は**精神物理学**という分野を提唱した。フェヒナーは以前から明るさや重さといった個人の感覚を研究しようとしていたが，問題となったのは個人の感覚そのものを測定する方法がなかったことである。感覚は主観的なものであり，それを自然科学的な実験にあてはめるのには無理があった。だが，フェヒナーは刺激に対する感覚反応という対応関係を1対1に限定せずに，刺激Aと刺激Bの物理的強さの違いと，それに対する心理的反応の違いを対応づけることで，個人の感覚における新しい法則（**ウェーバー＝フェヒナーの法則**）を見出した。この法則によれば感覚の強さと刺激の強さとの間には対数関係があり，例を挙げるならば，刺激を4倍強くすると，初めて感覚的に2倍強くなったと感じるというものである。

生理学の反応測定実験で用いられていた装置を心理学に持ち込んだのはドイツの**ヴント**（Wundt, W.）である。もともとは生理学者であったヴントは，外

から刺激を与えて反応をみる生理学的方法とともに，内観法という方法を用いて内的に観察も行う**生理学的心理学**という分野を開拓した。ヴント自身もこの**分野を実験心理学**と言い換えながら，それまでの自己観察のみに基づく古いタイプの心理学と区別ができるとした（Wundt, 1874）。1879年にヴントが勤務先のライプツィヒ大学で実験を行う心理学の研究室を運営するようになると，心理学は哲学から離れて独立の第一歩を踏み出したと見なされた。

ヴントの研究室は，心理学実験室として世界中に知られることになり，特にアメリカからは多くの学者がドイツに留学してきた。**ホール**（Hall, G. S.）はそうした一人であるが，アメリカに戻ってから自身も心理学実験室を開設するなどして，アメリカにおける心理学の発展に貢献し，やがて1892年にはアメリカ心理学会を創設して初代の会長に就任した。これは，心理学者の学術団体として世界で最初に組織されたものである。またヴントの著書に影響を受けて，12年かけて『心理学原理』（1890）という本を著した**ジェームズ**（James, W.）は，進化論を背景として，意識の適応的な機能を論じる**機能主義心理学**の代表者となった。ドイツなど欧州の大学が伝統を重んじるあまり，新しい心理学という分野の発展に対処しきれなかったのに対して，多くの新興大学が創られたアメリカではいち早く心理学実験室を増やし，心理学者の数も急増していったのである。

（3） 日本における心理学の誕生

日本ではいつ頃から心理学が知られるようになったのだろうか。幕末から明治期にかけて活躍した学者の**西　周**（にし・あまね）は，アメリカ人のヘヴン（Haven, J.）が書いた精神哲学の本を日本語に翻訳し，1875年に『心理学』と題して出版した。原題は『mental philosophy』すなわち「心理上の哲学」であったが，西はこの訳語が長いことから省略して「心理学」という語を使うことを明記している（ヘヴン，1875）。しかし，本の表題になったこともあり，心理学という用語は世の中に広まっていった。

日本で最初に創設された大学である東京大学（1877年創立）でも，心理学は学科目の中に含まれていたが，当時の心理学はヴント以前の心理学であり，実

験心理学というよりも哲学的な内容であった。日本で最初に本格的な心理学者となったのは，**元良勇次郎**（もとら・ゆうじろう）である。元良はアメリカに留学してボストン大学で勉強していたが，やがて**ホール**のいたジョンズ・ホプキンス大学に移り，そこで博士号を取得した。1888年に帰国した元良は，帝国大学（現在の東京大学）に招かれて教員となり，最初に精神物理学の授業を，のちに心理学の授業を担当するようになった。1893(明治26)年には心理学を担当する講座の教授として，日本で最初の世代にあたる心理学者達を育てた。元良はヴントの著作なども翻訳したが，日本におけるヴント以降の科学的心理学はアメリカを経由して入ってきたことになる。

2　20世紀の心理学の展開

（1）　20世紀の3大潮流

19世紀末から20世紀の前半にかけて，その後の心理学の発展に大きく寄与した流れがいくつか存在する。そのうち特に大きな流れ，すなわち**行動主義**，**ゲシュタルト心理学**，**精神分析**を20世紀の3大潮流としてまとめることができる。これらはいずれも19世紀の心理学のある傾向に対するアンチテーゼを含むものであるので，ここでは20世紀の新しい傾向として2つにまとめた。

1）　意識に対するアンチテーゼ：行動主義，精神分析

19世紀の心理学は意識を中心としたものであった。しかし，私達が今日認めているように，自分が意識していないところで行動が生じていることは普通であるどころか，自分の日々の生活のなかで意識せずに行っていることのほうが多いといえる。

20世紀初頭になると，アメリカの心理学では意識を前提とした研究を行うことに対して批判が起こった。やがて，このことを最も端的に示した**ワトソン**（Watson, J. B.）による論文「行動主義者の見た心理学」が話題となり，行動主義という運動が生じた（Watson, 1913）。ワトソンは自然科学の一分野とし

ての心理学を強調し，主観的言語に頼らない学問を目指したが，のちに**パヴロフ**（Pavlov, I. P.）の**条件反射**を用いて，刺激と反応による行動の説明を試みるようになった。行動主義はアメリカの心理学に議論を起こしながら，形を様々に変えながら現在もアメリカ心理学の土台に根付いている。

　同じ頃，ヨーロッパではまったく異なるところで意識に対する反論が起こっていた。ウィーンの神経科医であった**フロイト**（Freud, S.）は19世紀末に多くみられたヒステリー患者の治療を通じて，催眠状態や夢など，意識とは異なる状態にある患者の体験を説明する原理として抑圧された無意識を見出し，それらを意識化することによって治療するというプログラムを実践した。これが精神分析である。フロイトはヨーロッパでは一開業医として働いていたに過ぎなかったが，1909年にホールがクラーク大学創立20周年の記念講演にフロイトと当時その弟子だった**ユング**（Jung, C. G.）をアメリカに招いたこともあって，フロイトの精神分析はアメリカで急速に拡大することとなった。

２）要素に対するアンチテーゼ：ゲシュタルト心理学

　19世紀の科学の基本が物事を構成要素に還元するという方向を持っていたため，心理学においても体験を要素に分解するという体系が主流であった。アメリカではこうした心理学の流れは特に**構成主義心理学**と呼ばれ，機能主義心理学と対立していた。

　アメリカで行動主義が生まれたちょうど同じ頃，ドイツでは私達の知覚が要素では説明できないことを，巧妙な実験によって実証したグループが出現していた。1912年に**ヴェルトハイマー**（Wertheimer, M.）は簡単な図形刺激として横長の図形を提示し，その後コンマ何秒という短い時間をおいて同じ図形が45度傾いたものを提示すると，図形がきれいに回転するように見えることを実験した（Wertheimer, 1912）。回転運動はまさに運動として見えるのであるが，実際には２つの図形が短時間に連続して提示されたに過ぎない。物理的には起こっていない運動が見えることから**仮現運動**と呼ばれたこの現象は，実は既に実用化されていた映画の原理でもあった。ヴェルトハイマーらは自らの心理学をゲシュタルト心理学と称したが，ゲシュタルト（Gestalt）とは形態という意味のドイツ語である。暗い場所で白い紙を見ると，実際には網膜には灰色に

映っているのに白い紙と知覚する（明るさの恒常性）など，実際の知覚において特定の刺激の強さが常に決まった強さの感覚をもたらすわけではないことから，「全体の知覚は要素の集合の知覚とは異なる」とゲシュタルト心理学者は論じた。

　ヴェルトハイマーのグループには，チンパンジーの洞察学習などを研究した**ケーラー**（Köhler, W.）や，**集団力学**（グループダイナミクス）を生み出したレヴィン（Lewin, K.）などがおり，ゲシュタルト心理学は知覚にとどまらず，広く心理学の現象一般を説明する原理として根付いていった。

（2）　20世紀後半における心理学

　第二次世界大戦後，心理学は新たな方向に拡大した。その代表的な流れが**認知心理学**と**臨床心理学**である。

　認知心理学は1950年代後半から登場した。その背景にあるのは，生物を閉じたシステムとして機械との共通点をみるサイバネティクスや，コンピュータの発展に伴う情報処理モデルの応用である。人工知能の研究もまた思考や知能といった心理学の概念が曖昧であることを指摘する結果となり，こうした工学上の展開を受けて，認知心理学では人間の認知機能，特に言語や記憶などの機能を情報処理モデルで説明しようとしてきた。

　一方，臨床心理学という用語の起源は古く，1907年にアメリカの心理学者**ウィトマー**（Witmer, L.）が使ったのが最初である。ウィトマーは「臨床心理学」と題された論文の中で，臨床（clinical）という語を用いたことについて，臨床というのは単に現場を指すだけではなく，実践的でない哲学的・理論的な学問から離れるという意味を持つと論じた（Witmer, 1907）。ウィトマーは問題を抱える子どものために**心理学的クリニック**を1896年に開設し，20世紀の前半には心理学的クリニックが全米に拡大したが，この時の心理学者の主な役割はまだ**知能検査**であった。ちなみに，知能検査としては1905年にフランスの心理学者ビネ（Binet, A.）が考案したものが実践的な検査としては最初であり，アメリカでは1916年の**ターマン**（Terman, L. M.）によるスタンフォード＝ビネ式知能検査（**知能指数**としてIQを算出する）によって広く世の中に知られ

るようになっていた。

　第二次世界大戦後，多数の帰還兵に精神的症状が現れていることが判明すると，アメリカでは精神科医の不足を補うために心理学者を教育して臨床的治療にあたらせるというプログラムが実施されるようになった。こうしたプログラムは，やがて実践的専門家としての心理学者を次々と生み出すようになったため，現在，アメリカ心理学会では心理職のための教育プログラム（臨床心理学，カウンセリング心理学，学校心理学の3分野に分かれている）を大学ごとに学会で認定する方式を採用している。またその一方で，医師とは異なる心理学的実践として**ロジャーズ**（Rogers, C. R.）の**カウンセリング**や，**アイゼンク**（Eysenck, H. J.）の**行動療法**など数々の技法も提唱されてきた。

3　心理学の方法論

（1）　法則定立的／個性記述的な研究方法

　このように心理学の発展の歴史を辿ってくると，心理学には実験や観察を通じて測定をする自然科学の方法論と，内観や推測によって自分や他者の行動を理解する方法論とが入り混じっていることが理解できる。アメリカの心理学者オールポート（Allport, G. W.）は『パーソナリティ』（1937）という著書のなかで，ドイツの哲学者ヴィンデルバント（Windelband, W.）の用いた《**法則定立的**》な研究と《**個性記述的**》な研究に言及した（オールポート，1982）。前者は自然科学のように因果関係を求めるものであるが，後者はその特定の個人に特徴的な物事を記述する分野であり，例えば法則定立的なパーソナリティ研究において，パーソナリティは一般的法則によって説明されるのに対して，個性記述的な研究では，パーソナリティは個人でそれぞれ異なる独自のものとして記述され理解される。

　ヴィンデルバントは既に1894年の講演で，心理学は自然科学と精神科学（現在の人文科学あるいは社会科学に相当する）のどちらの領域にも属することを

指摘していた（ヴィンデルバント，1929）。現在でも心理学は多くの人に共通に認められる現象と，それとは異なる個性的な現象とを区別しつつ，人間理解を深めようとしている。

（2） 実験的研究／相関的研究

心理学でデータを収集する方法には，主として**実験法**，**観察法**，**調査法**，**面接法**，**検査法**の5つがある。

法則定立的な研究においては，主として実験法や調査法が用いられる。例えばある新しい学習方法が有効であることを示すために，1つのグループの学習者にはその学習方法を体験させ，別のグループの学習者には従来通りの学習方法を行わせて，そのあとの試験の結果を比較するという手続きをとるのが典型である。この時，2つのグループの結果に違いが出れば，新しい学習方法の有効性を確認できる。こうした**実験的研究**においては，操作される対象（**独立変数**：この例では学習方法の違い）と，その結果（**従属変数**：この例では試験の結果）の間に因果関係が考えられるが，グループ間の違いが偶然とはいえないため，めったに生じない差であることを示すために，**推測統計学（推計学）**の知識を使う。心理学の基礎過程において，心理統計学が必修であるのはこのためである。

操作ができない場合，例えば兄弟のいる学生といない学生とで，ある試験の結果を比較するということは可能である。この場合，兄弟の有無と試験結果との間に関係が見出されたとしても，前者が後者の直接の原因であるかどうかは特定できない。他の条件を全て統一した上で，兄弟の有無だけが異なるという条件統制が可能ならともかく，一般的な調査研究ではそうした統制は不可能に近い。多数の変数が考えられるなかで一方の変数がもう一方の変数からどれほどうまく予測できるかという**相関係数**を算出して，変数間の強さを調べるこうした研究は**相関的研究**という。相関的研究に認められる関係はあくまでも相関関係であって，因果関係ではないことに注意してほしい。

第 1 章　心理学方法論と心理学史

（3）　データの収集と仮説的構成概念

　法則定立的な心理学の研究では上記のような様々な方法で得られたデータに基づいて，仮説を作り上げ，それを検証する。仮説を作り上げるためには，実験的研究であれ，相関的研究であれ，現象をよく観察し，記述することから始まる。例えば自己愛に関する研究において，そのデータとして複数の質問項目のそれぞれに対して「1　よくあてはまる」「2　どちらかというとあてはまる」「3　どちらともいえない」「4　どちらかというとあてはまらない」「5　まったくあてはまらない」の5段階で評定した自己愛尺度項目の総計を用いる場合もあれば，どのように自分自身のことを評価しているかを，自分の言葉で自由に記述してもらったものをデータとして使う場合もある。この時，前者のように数量化されたデータを用いるものを**量的研究**，後者のように言語的な記述データを用いるものを**質的研究**という。

　心理学の研究においてデータを得る際には，ある種の測定が行われることになる。このような心理学的測定において求められる条件には，**信頼性**と**妥当性**という2つの基準がある。簡単にいえば，信頼性は誰が測定しても同じようにデータが得られるという基準であり，妥当性はその測定において得られるデータが，その研究において求めるべきものとしてどの程度ふさわしいかという基準である。例えば自己愛の研究において，発話のなかに出てくる一人称の文の割合を自己愛に関係する指標として測定することは理解できるだろうが，授業中の居眠りの頻度が「自己愛の強い人間は寝ているところを見られたくないはずだから，居眠りが少ない」などという仮定に基づいて自己愛の指標であるといわれても納得しないであろう。このような測定においては，何をどのように測定するかについて，誰もが納得のいくものでなければならない。

　心理学の測定に用いられる変数は，量的研究であるといっても，「記憶された単語数」あるいは「反応時間」のように具体的な数値として表され，誰でも用いられるというものばかりではない。「自己愛」や「内向性」といったものは，直接観察できるものではなく，こういうものが存在しているだろうという理論に基づいて考えられている**仮説的構成概念**である。よく用いる概念ではあ

るが,「欲求」もまた心理学で広く用いられる仮説的構成概念の例である。心理学研究の進展とともに,こうした仮説的構成概念の多くは時代や文化の差を反映していることが多いこともわかってきている。

コラム:心理学史を学ぶとは ************************

　心理学者の多くは日々,新しい知見を求めて研究を続けている。最先端の機材を用いて脳と行動の関連を研究しているものもあれば,新しい課題を用いて記憶の実験を行っているものもいる。そういう人たちにとって,過去の心理学の歴史は何か意味を持つのだろうか。

　心理学史を学ぶ理由にはいろいろあるだろうが,筆者は2つに大別できると考えている。1つは現在の心理学のおかれている位置を確認するためである。21世紀になって心理学を学ぼうとしている人の多くは,カウンセリングや犯罪心理学に関心を持っていることだろう。しかし,科学的心理学の歴史が約130年あるなかで,こうした傾向はごく最近のものであり,心理学がなぜ,現在あるような形の心理学になったのかという疑問を持つ人は決して少なくない。また,研究には流行のようなものがあり,ある時代には評価されなかった研究がのちに再評価されることもある。自分が関心を持っているテーマがどのように心理学のなかで扱われてきたかを知ることは,心理学がどのように展開して現在に至ったのかを知ることでもある。

　2つめの理由は,過去においてのみ得られるデータがあるためである。典型例としてはアメリカの社会心理学者ミルグラム(Milgram, S.)の研究が挙げられる。1960年代に行われた有名な服従行動の研究において,一般に人は自分に責任がないと感じられる時には,他人を傷つけるような行為をする傾向が高くなることをミルグラムは実証した。当時の社会学者が人々の行動を「こうなるはず」という理念で説いていたのに対して,心理学者のミルグラムは人々が実際にどのように行動するかを実験のなかで明らかにしたのである。この研究の示唆するところは現代でも有効である。しかし,同時にこの研究自体は心理学の研究における倫理的問題を浮き彫りにする結果となり,同様のディセプション(だまし)の研究は二度とできなくなってしまった。

　過去の心理学の知見のなかには,追試ができなくなった貴重な証拠も含まれているのである。

第1章　心理学方法論と心理学史

【設問】　第1章
1）　心理学が19世紀に自立して専門分野となるためには，どのような他分野の影響が強かったといえるか，2つ挙げてみよう。
2）　20世紀の心理学の特徴として特筆できる傾向を2つ以上挙げてみよう。
3）　心理学という学問における研究方法の特徴は何であろうか。

第2章
知 覚

　私達の知っている世界とは，実際の世界をそっくりそのままコピーしたものではない。7色の虹，フルートの響き，香しい薔薇，酸っぱいレモン，暖かい風など，私達を取り巻く環境で起こっている事柄は事実として1つであったとしても，10人の人間がいれば，その脳内では10通りの主観的な世界が表現されている。環境内の出来事を眼・耳・鼻・舌・皮膚などの感覚受容器で受け取り，生じた感覚（sensation）から「どこに何があるのか」を知る。

　例えば，外の世界にある光の情報が眼を通して脳へ送られると，何かが「見えた」と感じる。光の情報から物体の明るさや色・形，奥行や動きを知ることができるのである。

　このように外界に存在する刺激（光など）が，感覚受容器を経由して感覚を生じさせ，脳で認識されるという一連の流れのことを，知覚（perception）と呼ぶ。本章では知覚の中でも主に視覚・聴覚が生じるメカニズムについて概説していく。

（米村 朋子）

第2章　知覚

1　眼から知る世界

　あなたが道を歩いていて，前から赤い自転車が近づいてきた時，「赤色」の「自転車の形」をした物体が，自分に対して「遠くから近く」という奥行きの方向に「ゆっくり」とした速度で動いていることを，見て知ることができる。「見る」行動から生じる知覚は「視覚」と呼ばれており，知覚の中で最も重要な機能の1つと考えられている。どのようにして「どこに何があるのか」を見ているのだろうか。視覚が生じるまでの過程と，視覚の特性をみてみよう。

（1）　視覚が生じるまで

　視覚は，外界にある光を眼から取り込むことによって生じる。左右の眼それぞれの角膜から入った光は，網膜に外界の像を映す（次頁図2-1）。網膜には光を神経信号に変換する**視細胞**（光受容器：photoreceptor）がある。暗い中でもどこに何があるのかほんやりわかるのは，明暗（輝度）の違いを変換する桿体細胞（rod）の働きである。何色の花なのかがわかるのは，赤・青・緑の3種類の色光波長を色の違いとして変換する錐体細胞（corn）の働きである。網膜上の中心部分（中心窩）では錐体細胞の数が多く，外界の詳しい情報が変換される。視細胞で変換された神経信号は，視神経を通って脳に送られる途中，**視交叉**（optic chiasma）で左右眼の信号が交じり合う（次頁図2-2）。視野全体を考えた時に右視野に見えるものは左脳へ，左視野に見えるものは右脳へ伝わり「何が見えるのか」が分析されるということになる。

　脳は様々な場所で，様々な機能を分担していることを知っているだろうか。光の信号を分析する場所は後頭部の表面（大脳皮質）にあり，視覚野（visual aria /cortex）と呼ばれる。網膜のある場所で変換された信号は，視覚野のある場所の細胞で受け取るという対応関係を持っている。この視覚野上の対応範囲を**受容野**（receptive　field）という。受容野の細胞は，受け取った信号が「左右どちらの眼から届いたものか」「どんな方位（傾き）か」「どんな色か」をまと

1 眼から知る世界

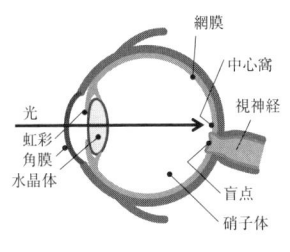
図2-1 眼の構造

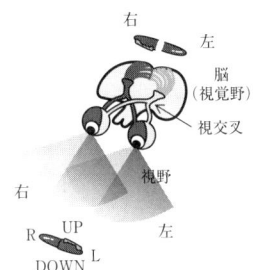
図2-2 脳の断面図と視交叉

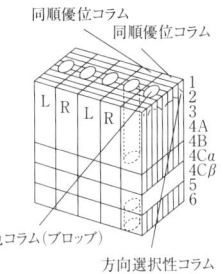
図2-3 ハイパーカラム

めて処理できるように柱状に規則正しく並んでいる。この構造をカラム(colum)構造という(Hubel & Wiesel, 1979)。左右眼1対，全方位1セット，全色1セットを含む区画構造（**図2-3**）を**ハイパーカラム**(hyper-column)といい，視野内の特定位置にある対象がどんな特性であるかを分析する基本的な単位（モジュール：module）であると考えられている。

（2） 対象が「何であるか」を知る：明るさ・色・形の知覚

明るい場所から映画館の様な暗い場所へ移ると，最初はどこに座席があるのか見えづらくなるが，時間が経つとともに少しずつ見えるようになる。この現象を**暗順応**(dark adaptation)という。一方で，朝起きて薄暗い部屋のカーテンを開けると一瞬だけ目が眩むといった体験があるだろう。これは**明順応**(light adaptation)と呼ばれる。明順応は，暗順応に比べて短時間で成立する。網膜上にある視細胞のうち，明るい所では錐体，暗い所では桿体がよく働くという役割分担があり，それぞれが切り替わるために生じる現象である。

また，外界には鮮やかな色彩があることを知っているはずだ。全ての色は，赤・緑・青の**三原色**(three primary colors)の混ぜ合わせで作り出されていると考えられている。複数の色を混ぜ合わせた色や，その色を知覚する現象を**混色**(color mixture)という。テレビの色もこの三原色で作られているのだ。色には，明度（value/brightness），彩度（chroma），色相（hue）の3つの特性がある（マンセル色票系より，Munsell, 1905）。これら色特性の3次元的配置を**色立体**（color solid）といい，物体色の分類や特定に用いられている。

15

第 2 章　知覚

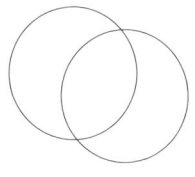

a. 近接の要因　　b. 良い連続の要因

図 2-4　ルビンの壺　　　　図 2-5　ゲシュタルト要因の例

　明るさや色が知覚されると，似た明るさや色同士をまとまりとする形の知覚が生じる。**図 2-4** の「ルビンの壺（杯）」(Rubin, 1915) は，白い「壺」と，向き合う黒い「顔」という二通りの見え方が入れ替わる**反転図形**（reversible figure）あるいは**多義図形**（ambiguous figure）と呼ばれる。中央の白い部分は，壺を見る時は形と認識される「図」に，顔を見る時は背景と認識される「地」になる。形の知覚は，視野内の**図と地**（figure and ground）を分けることで生じる。図は地よりも手前にあるように見えやすいという特徴がある。

　また，複数の形を見る時は，私達は一つひとつを別々に認識するのではなく，全体として簡潔で秩序あるまとまりを見ようとする傾向（**プレグナンツの法則**：law of prägnanz）がある。形同士のまとまりやすさ（**群化**：grouping）は，**ゲシュタルト要因**（gestalt factors）で決められている。例えば，近くにある形同士（**図 2-5 a**：2 つの三角）や，滑らかにつながった曲線（**図 2-5 b**：2 つの円）は 1 つの形としてまとまって認識されるといったものだ。

　形の知覚は，物理的な輪郭線が無い場合にも生じる。次頁**図 2-6** 左の黒い四角形や白い三角形は，直接見えない部分を脳が補って形を認識する**視覚的補完**（visual completion）の例である。補完によって作られた輪郭を**主観的輪郭**（subjective contour）と呼ぶ。次頁**図 2-6** 右の**カニッツアの三角形**（Kanizsa triangle）では，上を向いた内側の三角形が外側よりも明るく，さらに手前に見えるように知覚されることだろう。形の知覚に限らず，動きの知覚や聴覚でも補完は生じる。物理的には不連続の刺激を，あたかも連続しているように知覚することを**知覚的補完**（perceptual completion）と総称する。

1　眼から知る世界

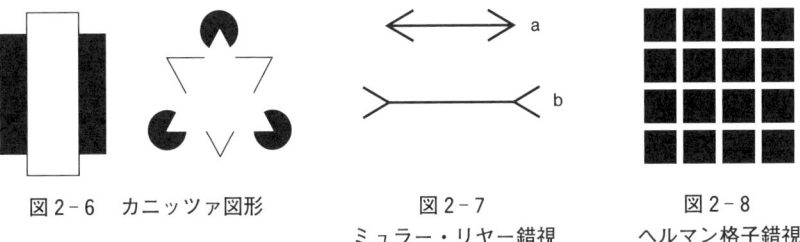

図2-6　カニッツァ図形　　図2-7　　　　　　図2-8
　　　　　　　　　　　ミュラー・リヤー錯視　ヘルマン格子錯視

　ある場所に立っている人に近づく時，自分との距離が変わっても，その人はほぼ同じ大きさかつ同じ形であると感じる。自分が左右に動いても，その人の位置は変わらないように感じるし，その人の着ている白いシャツは，太陽が雲に隠れても同じ白さに感じる。このように，外界の対象の大きさ，形，位置，白さ（明るさ・色）などが感覚受容器（網膜等）での刺激（近刺激）として変化しても，対象の性質が比較的一定に保たれて感じられる現象を，**知覚の恒常性**（perceptual constancy）という。知覚の特性に応じて，**大きさの恒常性，形の恒常性，位置の恒常性，明るさの恒常性**と呼ばれる。例えば，大きさの恒常性は，網膜像の大きさの情報から対象までの見えの距離を推定することで生じる。また，明るさの恒常性は，対象が発する輝度だけでなく，対象に与えられる照明光の明るさを推定することで生じる。

　一方で，外界の対象が周りの情報によって異なる形に見えたり，物理的には存在しない形が見えたりすることもある。**図2-7 a，b**の水平線分は物理的には同じ長さであるが，左右に角度の異なる斜線を加えることでbの方がより長く見える。これはミュラー・リヤー錯視（Müller-Lyer illusion）という長さに関する視覚に錯覚が生じた例である。このように図形の幾何学的性質（長さ，大きさ，距離，角度，曲率など）が，物理量と異なって知覚される現象を，**幾何学的錯視**（geometrical optical/visual illusion）と呼ぶ。また，**図2-8**の白色格子には，目を向けた交差部分以外の交差部分に，あるはずのない灰色の点が見えるはずだ。これは**ヘルマン格子錯視**（Hermann grid, Hermann, 1870）と呼ばれる。錯視現象は，見え方を教えられても，その知覚が変わりにくいことが面白い点であり，知覚メカニズムを読み解く手がかりになっている。

第 2 章　知覚

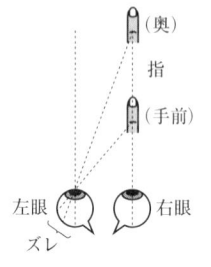

a. 両眼視差

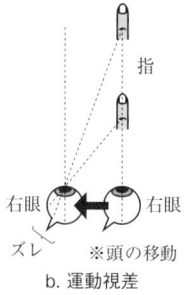

b. 運動視差

図 2-9　立体視

（3）　対象が「どこにあるか」を知る：奥行き・動きの知覚

　三次元空間や物体を見て奥行きを知ることを**立体視**（stereopsis）という。立体視が生じるためには，人間が 2 つの眼を持っていることと，頭や身体が動くことが重要な要素となる。左右 2 つの眼（網膜）に映る対象像のズレ（図 2-9 a）を**両眼視差**（disparity）といい，奥行きを知る手がかりとなる。3 D 映画などは，この見えの仕組みを利用している。両眼の像のズレが大きい場合は，左右の見えが対立する**視野闘争**（binocular rivalry）が生じる。

　また，片眼だけでも奥行きを知ることができる。例えば頭が動くと眼の位置が変わり，2 本の指の像がズレる（図 2-9 b）。自分や対象の動きによって生じるズレの速度差を**運動視差**（motion parallax）といい，奥行き知覚の手がかりの 1 つになる。車に乗っている時，近くの木は，遠くの山よりも速く大きく移動しているように見える現象も同じである。

　自分がある地点に向かって歩く時には，視野内の対象の像は，網膜上で中心から周辺へと流れるように動く。脳内では光情報の流動パターンが知覚される。これを**光学的流動パターン**（オプティカル・フロー・パターン：optical flow pattern）といい，奥行きや自分の動きを知る手がかりの 1 つとなっている。

　近づいてくる自転車の動く方向や速度など，対象の動きを知ることを運動知覚（motion perception），もしくは運動視という。対象が実際に動いている場合は，網膜上で生じる連続的な位置変化から運動を知覚する（実際運動）。しかし，私達は実際に動いていない対象にも動きを感じることがある。例えば，静止画像が高速に切り替わっているだけのテレビの映像は，滑らかに動いている様に見える。この様な見かけの運動を**仮現運動**（apparent movement [注1]）という。真っ暗な部屋で 1 つの小さな静止光点を見ていると，不規則な動きを感じる現象がある。これを**自動運動**（autokinetic movement）という。また，

18

1　眼から知る世界

コラム：眼球運動の役割　＊＊＊＊＊＊＊＊＊＊＊＊＊＊＊＊＊＊＊＊＊＊＊＊

　サッカーの試合を観ると，ついついボールの動きを目で追いかけてしまう。動いている対象の性質を知ろうとするために，眼は対象が網膜上の中心部分へ映るように動くのだ。ある対象から別の対象への高速な眼の移動をサッカード（衝動性眼球運動：saccade eye movement），滑らかに運動する対象を追いかけるような眼の移動をパーシュート（活動性眼球運動：smooth pursuit eye movement）という。また，遠くから近くなど奥行きの違う対象を見る時の眼の移動を，バーゼンス（輻輳・開散性眼球運動：vergence eye movements）という。

　しかし私達の眼が，静止対象をじっと見つめ続けている時にも絶えず動いている（固視微動：fixation nystagmus）ことを知っているだろうか。固視微動のおかげで，網膜像は常に網膜上で位置を変え，視覚野上の複数の受容野で信号を受け続ける。そのわずかな位置変化は運動知覚を生じさせない範囲である。視覚野は，1つの受容野に同じ信号が入り続けると，視覚を作る機能が低下していく性質を持つ。もし完全に眼球運動を止めてしまうとどうなるだろうか。例えば，眼との位置関係が変わらないような特殊なコンタクトレンズ上に文字を提示し，常に網膜の同一位置に像が映るという**静止網膜像**（stabilized retinal image）を作ると，文字は部分的に消えては現れる変化を繰り返して，数秒後には見えなくなってしまう（図2-10）。眼球運動は知覚を生起させ，維持させる重要な役割を担っている。最近では眼球だけでなく，頭部，身体運動時に得られる能動的知覚の研究が盛んに行われている。

図2-10　静止網膜像の見えの例

　水が流れ落ちる滝をしばらく眺めたあと，周りの景色に視線を移すと，静止物が滝の流れと逆方向（上）に動いて見える。この現象を**運動残効**（motion aftereffect）という。他にも，動く対象の近くにある静止対象が動いて見える**誘導運動**（induced movement）がある。例えば，月が周りの雲の流れに誘導されて，雲とは逆に大きく動いて知覚されるような現象である。目の前の対象が本当に動いたのかどうか，あなたは正しく判断することができるだろうか。

第2章　知覚

2　耳から知る世界

　あなたが道を歩いている時，見ることのできない後ろから人や自動車が近づいてくるのがわかるだろう。これには音の情報が役に立っている。音を「聞く」行動から生じる知覚は「聴覚」と呼ばれており，視覚と同じように重要な知覚機能の1つだと考えられている。どのようにして「どこに何があるのか」を理解しているか，聴覚が生じるまでの過程と聴覚の特性をみてみよう。

（1）聴覚が生じるまで

　あなたが声を出した時，手と机がぶつかった時，唇や手や机といった物体は振動する。振動を作る物体の位置を音源と呼ぶが，音源の振動は空気に伝わって全ての方向に進む。この振動が耳まで届き，耳の奥にある鼓膜を振動させることで，音になる過程が始まる。遠くで光った稲妻の音が遅れて聞こえたり，光しか見えずに音は聞こえないという体験があるかもしれない。耳から遠い場所で起こった空気の振動は，耳に届くまでに時間がかかったり，届くまでに鼓膜を振動させる量には足りなくなったりして，音になることができない。

　耳は，空気の振動を音に変える感覚受容器である（図2-11）。空気の振動が外耳を通って鼓膜を振動させると，中耳で振動が増幅され，内耳で神経信号に変換される。視覚を生じさせる神経信号を作り出す網膜と同じ役目を果たしているのが，内耳にある**コルチ器**（organ of corti）である。コルチ器は，カタツムリの殻に似た形をしている蝸牛の中にあり，リンパ液で満たされている。内耳に伝わった振動がリンパ液を動かし，特殊な繊毛（有毛細胞）を揺らすことで神経信号が生じる。コルチ器内の有毛細胞が振動の速さ（周波数）の違いを神経信号に変える方法ついては，受け取った周波数別に反

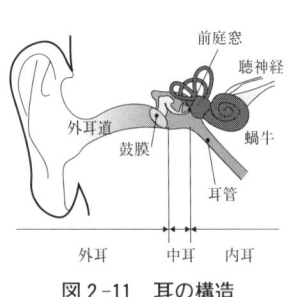

図2-11　耳の構造

2 耳から知る世界

応する細胞の場所が異なるという場所説（place theory）と，全ての細胞で振動を受け取るが，周波数によって細胞を反応させる時間間隔（頻度）が異なるという**斉射説**（volley theory）などが考えられている。コルチ器で変換された信号は，聴神経を通って脳の側頭部にある**聴覚領**（聴覚野：auditory area/cortex）において，初めて音として知覚されるのである。

（2） 対象が「何であるか」を知る

　聴覚とは，空気振動の情報から，振動の速さ（周波数）・強さ・圧という物音を物理的性質（音の三要素）で分析し，音の高さ，大きさ，音色の感覚的な性質を知ることである。これらの性質から，振動を作っている対象の特徴を推測することができる。例えば，自動車などに乗っていると，ゆっくり走っている時よりも速いスピードを出した時に，より高い音が聞こえるという体験はあるだろうか。これは自動車が動く速さによって，生じる空気振動の周波数が変わるためである。空気振動の周波数の違いは，**音の高さ**（pitch）の違いで知ることができる。周波数が増すに従って音は高く聞こえるのである。

　また，音の強さから**音の大きさ**（loudness）を知ることができる。音の強さを増加させたり，音源の距離を近づけたりすると，音はそれに従って大きく聞こえる。この変動を音圧（sound pressure）として測定することができ，音の大きさの指標とされている。音の大きさの単位は**デシベル**（decibel；dB）と呼ばれており，2つの音のエネルギー比の対数を10倍した値で表される。例えば，電車が通る時のガード下の音（約100 dB）は，走行中の電車内の音（約80 dB）よりも約100倍も大きな音に感じられるのである。音の大きさを知覚することで，対象までの距離や対象の大きさなどの推測ができる。

　一方，音の高さや大きさが同じであったとしても，バイオリンとフルートの音の違いに気づくことができるだろう。その違いに対応する音の性質のことを音色（timbre）という。音色の定義は曖昧な部分が多いが，例えば同じ周波数（音の高さ）であっても，振動の時間波形や，振幅はば，倍音成分の比率の違いなどが音色の違いを作っているという説明がなされている。音色を知覚することで対象の大きさや素材などを推測することができる。

21

（3） 対象が「どこにあるか」を知る

　道端に立ち，眼を閉じて耳を澄ませれば，人や車が左から右へ，後ろから前へと動いていることが分かるだろう。私達は音だけで外界にある対象の位置や運動を知覚することができる。これは私達が，左右2つの耳で1つの音を聞く**両耳聴**（binaural listening）を行っているからである。日常生活のほとんどの場合，両耳から聞こえる音にはわずかな違いがある。例えば音源が左にある時，音源と各耳との距離はわずかに異なり，受け取る振動の強度は左耳の方が右耳より大きいものとなる（図2-12）。また，距離が離れると各耳に届く時間が遅くなる。これらの強度差や時間差から，音源がどの方向，距離の位置にあるのか（音源定位：sound localization）を含む空間を知ることができる音が反響しやすい壁や床のある空間であれば，閉眼時でも自分の歩行音や声などの反射音を利用して，壁との距離を推測することも可能である。ただし，両耳から同じ距離にある前後上下の位置を音源とする音は，差の情報が得にくいために，誤った知覚が生じることもある。また，左右耳間の刺激差が比較的小さい時には両耳の音が融合して1つの音源から聞こえる音として知覚されるが，刺激差が大きくなるに従ってどちらの耳から入った音なのかを聞き分けることが可能になる（両耳分離聴：dichotic listening）。

　音源定位は，視覚の影響を強く受ける。例えばテレビを見ている時に，画面とは異なる位置にスピーカーがあっても，まるでテレビに映っている人の口から声が聞こえる様に感じるだろう。これは，腹話術効果（ventriloquism effect）と呼ばれ，空間内の対象位置を知覚するための情報として，聴覚よりも視覚を優先的に利用していることを示す現象の1つであると考えられている。

　音源が移動する場合には，聴覚による運動知覚が生じる。音源までの距離が遠くなるほど，耳に届く音の強さは減衰するが，知覚される音の大きさはあまり変化しない。同じ大きさの音を出し続けている対象が，空間的な位置を変化させたと感じるという，音の大きさの恒常性（loudness constancy）が伴うのだ。また，複数の音がある場合には，音の一つひとつを別々に知覚するのではなく，音源位置や時間で群化された言葉や音楽などとして認識される。

（4） 声を知る

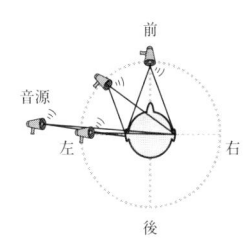

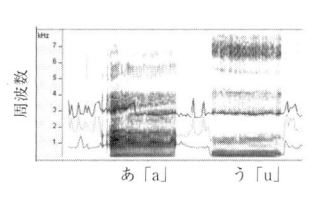

図2-12　両耳聴と音源の関係　　図2-13　フォルマント例

相手が誰だかわからない電話に出た時でも，あなたは聞こえてくる声の音質，高さ，大きさ，速度，テンポ，イントネーション，アクセント，使用する語彙などの音声的特徴から個人を特定することができるだろう。

私達が話す声の性質を知ることを音韻知覚と呼ぶ。例えば「おはよう」と発音する時，声道の形の変化によって生じる母音「o」「u」や，子音「ha」「yo」のそれぞれに特徴的な共鳴特性がある。各音の周波数成分の分析結果（スペクトル）には，音韻ごとに異なるピークがある（図2-13）。この声を特徴づける要素を**フォルマント**（formant）と呼び，同じ言葉でも人によって異なることから，音声認証システムなどにも用いられている。また，「と（to）」と「も（mo）」と発音した時に，音をつくり出す口の動作の特徴が違うことに気付くだろう。「t」と「m」は子音であること（子音性）は共通するが，舌を使うかどうか（舌端性）や唇の開き具合（遮音性）といった発声法は異なる。このように，ある音声分節・音素（音韻の最小単位）を他と区別する特徴のことを**弁別素性**（distinctive feature）という。私達は声が持っている特性を利用して，他者の声や言葉を瞬時に分類しているのである。

音韻知覚の錯覚の1つに**マガーク効果**（McGurk effect）がある。例えば，「バ（ba）」と発音した音韻（聴覚的手がかり）を，「ガ（ga）」と発音した顔・口の動き（視覚的手がかり）と同時に見せると，多くの場合，「ba」と「ga」との間に位置づけられる音韻「ダ（da）」が聞こえたように感じる。手がかりとして与えられた音声情報とは異なる音が聞こえる現象である。

第 2 章　知覚

3　身体から知る世界と注意の関わり

　道を歩いている途中で，ドーナツ屋さんのいい匂いに導かれて，つい，つまみ食いすることもあるだろう。段差に気がつかず，つまずいて転びそうになることもあるだろう。外界の情報は，視覚や聴覚だけで得ているのではない。

（1）　知覚のつながり

　私達は，鼻の奥の嗅上皮でにおいを感じる嗅覚や，舌上の味蕾で味を感じる味覚，皮膚で素材の柔らかさ，温度や痛みを感じる触覚（体性感覚），耳の奥にあるコルチ器（本章 2 - (1) を参照）から身体の傾きを感じる平衡感覚（前庭感覚）など感覚の種類を表す言葉としてモダリティ（modality）が使われるが，各モダリティは単独で機能するだけでなく，各モダリティからの情報の相互作用（感覚間相互作用：intermodal/crossmodal interaction）によって，統合的に感覚や知覚が作り出されている。これらを多感覚統合（multisensory integration）ともいう。

　例えば，ある特定の音が聞こえると，決まった色が見えるという知覚（色聴）を持つ人がいる。この現象は，刺激された感覚モダリティ以外に別の感覚が生じる共感覚（synesthesia）の 1 つである。また，同じ味の食べ物でも，嫌な色や臭いであったりすると，おいしくないと感じることがある。1 つの感覚が別の感覚にかき消されてしまい，どちらか 1 つの知覚が優勢になったり，全く別の知覚を生じさせたりする現象を**マスキング**（masking）という。マスキングは，同じ感覚モダリティ同士でより強く生じる。聴覚の例でいえば，夜静かな時には聞こえた声や音楽も昼間には騒音に消されて聞こえないという場合など，日常よく経験する現象だろう。その他，停車した電車に乗っている時に隣の電車が動き出し，まるで自分の電車が動き始めた様な感覚を体験したことはないだろうか。これは，自己誘導運動知覚もしくはベクション（vection）といって，実際には静止しているにも関わらず，自分の身体の動きとして知覚

される現象である。

（2） 注意の働きと他分野との関連

　朝の登校時間になると，たくさんの生徒・学生が道を歩いている。その中で1人だけ白い帽子を被っていたり，ひと際大きな声で話している人がいたりすると，とても目立つはずだ。この時，注意（attention）の働きによって外界の「何」を知覚するかがほぼ自動的に決められてしまう。視覚においては，対象のどのような性質に注意を向けやすいかを調べるために，**視覚的探索**（visual search）という課題が用いられる。特定の対象（目標刺激）を，それとは異なった特性を持つ複数の対象（妨害刺激）の中からできるだけ速く探す課題である（図2-14）。目標刺激と妨害刺激の明るさや色・形などの違いが大きければ，より速く探し出せることがわかっている。注意は聴覚が生じる時にも影響する。パーティー会場のように何人もの声が同時に聞こえてくる賑やかな場所でも，特定の人の話を理解することができる。特定の情報に選択的に注意を向け，他の情報を無視できる現象を，**カクテルパーティー現象**（cocktail party phenomenon）と呼ぶ。外界の多くの情報の中から重要な対象を選択する機能である「注意」がどのようにして制御されているのかについては，認知心理学の分野で詳しく研究されている。

　知覚特性の多くは，与えられた刺激から生じた感覚を答える心理物理学的手法による実験で調べられている。日常から切り離された状況や課題で明らかになった知見を学ぶ場合，**生態学的妥当性**（ecological validity）を考える必要がある。これは，環境で起こった事を把握するための手がかりとして，提示刺激がどれだけ役立つかを示す概念で，設定した実験場面が日常にどの程度似ているかを示す言葉でもある。工学におけるバーチャルリアリティ（virtual reality）研究分野では，比較的高い生態学的妥当性を保った知覚実験が行われており，日常の知覚特性の解明にも貢献している。その一方で，神経生理学の分野において，特定の刺激が与えられた時の脳活動を画像化する脳

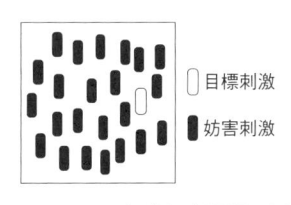

図2-14　視覚探索課題の例

第 2 章　知覚

画像研究（ニューロイメージング研究：neuro imaging study）によって，知覚に関わる脳機能が明らかにされつつある。果たして脳の全てが解明される日はくるのだろうか。

【設問】　第 2 章

1）　各眼で見える範囲（視野）の物体像は，網膜上にどの様に映されるか考えてみよう。また「盲点」とは何か調べてみよう。
2）　「透明視」とは，どのような現象で，どのような明るさ情報の組み合わせで生じるか調べてみよう。
3）　形のまとまりやすさを決める「ゲシュタルト要因」には，本文に挙げた例以外にどのようなものがあるのか調べてみよう。
4）　左右耳から伝わった音が，左右どちらの脳に届くのか調べてみよう。また「音の高さ」や「音色」の違いをどう知覚しているのか詳しく調べてみよう。
5）　嗅覚・味覚・触覚はどのように生じているのだろうか。外界の刺激が脳に伝わるまでを道のりを調べてみよう。
6）　視覚探索における「ポップアウト」現象について調べてみよう。
7）　脳画像研究には，どんな方法が用いられているのか調べてみよう。例えば fMRI とは，どんな仕組みで脳の働きを知ることができるのだろうか。

(注1)　本章には，右上に絵が描かれている頁がある。本章の範囲をまとめて，右上端を持ってパラパラとすばやくめくると，人が動いて見える（かもしれない）。

第3章
学 習

　「学習」という言葉を聞いて，読者は何を思い浮かべるだろうか。学校での勉強や科目の暗記，受験勉強といった教育に関する事柄を思い浮かべる人が多いかもしれない。

　しかし，心理学では「学習」という言葉は，もう少し広い意味で用いられている。一般に「経験によって生じる比較的永続的な行動の変容」という意味で用いる。つまり，何か経験することで，以前とは違う行動パターンが形成されることが学習なのである。

　ただし，行動の変容といっても，運動を続けると疲労がたまり，それ以前とは行動が変化するといった一過性の行動の変化や，身体の成長や病気によっても行動は変化するが，そうした変化は学習とは異なると考えられている。

　学習に関する心理学の研究では，人間だけでなく動物の学習過程を明らかにするために，言語報告に頼らず，刺激と反応の結合関係を客観的にできる条件づけによる学習が重要視されてきた。

（丹藤　克也）

第 3 章　学習

1　学習理論の基礎

　学習に関する心理学の研究では，人間だけでなく動物の学習過程についても，その研究対象としてきた。その理由の1つには，人間を対象とするよりも，動物を用いた方が，様々な要因を厳密に統制した研究を比較的容易に行うことができるからである。また，ダーウィンの進化論以降，人間とその他の動物との連続性が指摘され，学習過程もまた人間と動物で類似していると捉えられるようになったことも理由の1つである。動物を用いた研究から得られた学習の法則が全てそのまま人間に当てはまるわけではないが，人間の学習過程を理解するうえで有用であると考えられている。実際，こうした学習に関する研究成果は，教育場面や臨床心理学における問題行動の治療，企業における社員教育などで広く利用されている。

　動物や人間の学習過程として主に**条件づけ**（もしくは連合学習）と呼ばれる学習が検討されてきた。人間だけでなくその他の動物も含めて，学習過程を明らかにするためには，言語報告に頼ることなく，刺激と反応の結合関係を客観的にできる条件づけによる学習が重要視されてきた。

2　学習の基本的メカニズム

　学習の基本的な様式は大きく**古典的条件づけ**（レスポンデント条件づけ，パヴロフ型条件づけとも呼ばれる）と**オペラント条件づけ**（道具的条件づけとも呼ばれる）の2種類に分類される。

（1）　古典的条件づけ

　レモンや梅干しを見たり，その単語を聞いたりするだけで，実際には口にしていなくても口の中に唾液が広がるのを感じる，というのは誰でも経験したこ

とがあるだろう。こうした反応の背景にある基本的なメカニズムが古典的条件づけである。また，何かに対する好き・嫌いという感情的な反応も，その背景に古典的条件づけが関わっている場合がある。さらに，本来は薬としての効果がない偽物の薬を与えても，症状の改善が見られる「偽薬効果」と呼ばれる現象の一部にも，この学習過程が関わっていると考えられている。

ロシアの生理学者**イワン・パヴロフ**は1904年に消化腺の研究でノーベル生理医学賞を受賞した人物であり，古典的条件づけの体系的な研究を始めた人物でもある。彼はイヌを被験体として有名な「パヴロフの犬」と呼ばれる犬の唾液分泌に関する研究を行った。イヌの消化腺分泌の研究を行っていたパヴロフはある時，不思議な事実に気がついた。唾液の分泌は口にエサが入れば，反射的に起こる生得的な反応である。しかし，口の中にエサを入れられた時だけでなく，エサをやる人の足音が聞こえた時にもイヌは唾液を分泌していたのである。口の中にエサがない，つまり生理学的に唾液の分泌を引き起こす刺激がないにもかかわらず，唾液が分泌される現象にパヴロフは着目し，その原因が学習過程にあると考えた。すなわち，何らかの経験によって足音が唾液の分泌と結びつくようになった（連合した）のだと考えたのである。このような連合過程の分析によって，人間や動物の学習過程を研究しようと考え，古典的条件づけと呼ばれる条件反射の研究に着手した。

典型的な実験では，イヌにベルの音を聞かせ，その直後に肉粉などのエサを与える（次頁図3-1）。始めのうちは，唾液の分泌は肉粉を食べた後にだけ生じる。音と肉粉の対提示を繰り返すと，肉粉を与えずとも，音を聞かせただけで唾液の分泌が生じるようになる。つまり，元々は唾液反射とは何の関係もなかった刺激が，新しく唾液反射を引き起こすようになったのである。これはベルの音が肉粉の提示を表す信号として学習されたといえる。

肉粉のように学習によらず生得的な反応を引き起こす刺激を**無条件刺激**（unconditioned stimulus；US）といい，この刺激によって引き起こされる生得的な反射を**無条件反応**（unconditioned response；UR）という。また，最初は唾液反射を引き起こさなかった中性的な刺激が，新たに唾液反射を引き起こすようになった時，それを**条件刺激**（conditioned stimulus；CS）といい，条件刺

第 3 章　学習

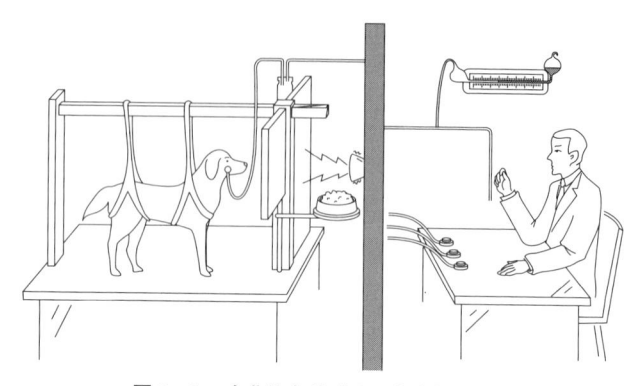

図 3-1　古典的条件づけの実験装置の例
(Yekes & Morgulis, 1909 より作成)

激によって引き起こされる唾液反射のことを**条件反応**（conditioned response；CR）という。このように中性的な刺激が条件反応を誘発する条件刺激になっていく過程が古典的条件づけである。

　条件づけが成立してから、条件刺激だけを繰り返し提示し、無条件刺激を提示しないと条件反応は次第に減少し、最終的には出現しなくなる。これを**消去**という。しかし、しばらく休憩をおいた後で再び条件刺激だけを提示すると、また条件反応が現れる。この現象を**自発的回復**という。例えば、ベルが唾液の分泌を引き起こすようなった後で、ベルの音だけ提示し、肉粉を提示しないという手続きを繰り返すと、イヌはベルの音を聞いても唾液を分泌しなくなる（消去）。しかし、しばらく休憩してから、またベルの音だけを提示すると、イヌが唾液を分泌する反応が回復する（自発的回復）。

　1）恐怖の条件づけ

　古典的条件づけによる学習は、私達が日常生活で感じる好悪や恐怖といった感情的な反応にも関わっていると考えられている。ワトソンとレイナー（Watson & Rayner, 1920）は、生後11か月のアルバートという名の赤ちゃんを対象に、恐怖のような感情的な反応も古典的条件づけによって学習させることができることを示した。元々は赤ちゃんにとって恐怖を引き起こす対象ではなかった中性的な刺激（シロネズミ）と、赤ちゃんにとっては恐怖を引き起こす無条

件刺激（大きな金属音）を一緒に提示する実験をワトソンらは行った。アルバート坊やは実験前にシロネズミに対して恐怖を示すことはなく，突然の大きな金属音が鳴れば，赤ちゃんは恐怖反応という無条件反応を示した。ワトソンらは，アルバート坊やがシロネズミに触れた時に，大きな金属音を鳴らすという手続きを繰り返した。その結果，アルバートはシロネズミの姿を見ただけで激しく泣き出したり，逃げ出したりするという恐怖反応を示すようになったのである。さらに，ウサギや毛皮のコート等，シロネズミと似た対象を目にした場合にも，同じように恐怖反応を示すようになった。このように条件刺激と類似した他の刺激に対しても条件反応が生じることを**般化**という。

（2） オペラント条件づけ

　古典的条件づけでは，唾液の分泌や恐怖反応といった生得的な反射が対象であった。しかし，日常生活における人間や動物の行動は，こうした反射だけで成り立っているわけではない。ピアノを演奏する，本を読む，電話をする等，人は自ら環境に働きかける様々な自発的な行動を行っており，こうした行動を生得的に引き出す無条件刺激は存在しない。スキナーはこうした自発的な行動をオペラント行動と呼んだ。人間や動物が環境に働きかける自発的な行動（オペラント行動）と，その結果として生じる外界の事象との関係を学習する過程はオペラント条件づけと呼ばれる。

　スキナーは「スキナー箱」と呼ばれる実験装置を使い，ネズミやハトにおけるオペラント条件づけの研究を行った（次頁図3-2）。この装置の中に空腹状態のネズミを入れると，通常，箱の中を探索する行動を取る。その際に，偶然，壁から突き出したレバーに触ると給餌装置が作動してエサが出る。このようなことが繰り返されると，次第にネズミがレバーを押すようになり，その頻度が多くなっていく。レバーを押すという自発的な行動が学習され，条件づけられたのである。言い換えれば，レバーを押せばエサがもらえるという関係性を学習したと言える。

1） オペラント条件づけの分類

　ある自発的な行動を取った結果として，その人や動物にとって望ましいこと

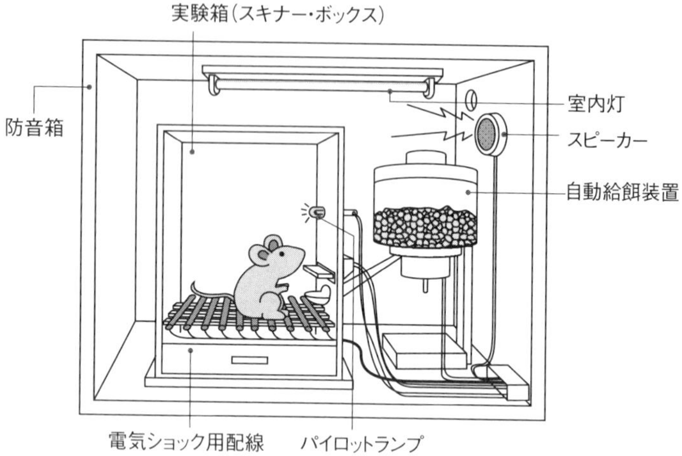

第3章　学習

図3-2　スキナー箱

が起こる場合と，望ましくないことが起こる場合が考えられる。ある行動の結果，快なこと・望ましいことが起これば，その直前の行動が起こる頻度は高くなる。行動後の結果によって，直前の行動が増加することを**強化**という。一方，ある行動を取った結果，不快なこと・望ましくないことが起これば，その直前に取った行動が起こる頻度は減少する。このように結果によって行動が減少することを**罰**という。強化と罰それぞれに正（刺激の提示）と負（刺激の除去）があり，**正の強化，負の強化，正の罰，負の罰**という4つのパターンに分類することができる（次頁図3-3）。

　例えば，「レバーを押すとエサが出てきた」「一所懸命お絵描きをしたら，先生に褒られた」という場合は，ある行動の結果，快な刺激が提示されるためその行動の生起頻度は高くなる。このような強化を正の強化という。また，「レバーを押すと，電気ショックが止まった」「鎮痛剤を飲んだら，痛みがなくなった」という場合も，行動の結果，不快な刺激が除去されるという意味で望ましいことが起こるため，その行動の生起頻度は高くなる。このような強化を負の強化という。これに対して，「いたずらをしたら，怒られた」という場合は，行動の結果「怒られる」という不快な刺激が提示されるため，その行動の

2　学習の基本的メカニズム

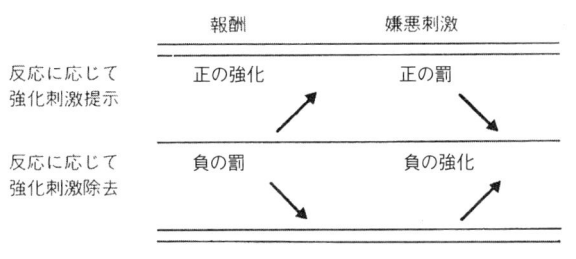

```
                    強化刺激の種類
                 報酬        嫌悪刺激
                ━━━━━━━━━━━━━━━━━━━━
  反応に応じて    正の強化  ↗  正の罰
  強化刺激提示              ↘
                ━━━━━━━━━━━━━━━━━━━━
  反応に応じて    負の罰       負の強化
  強化刺激除去              ↘  ↗
                ━━━━━━━━━━━━━━━━━━━━
```

図3-3　オペラント条件づけの分類

生起頻度は減少する。これは正の罰である。また,「いたずらをしたら,お小遣いがもらえなくなった」という場合は,「お小遣い」という快な刺激が除去されることで,その行動の生起頻度が減少する。これは負の罰である。これら4つのパターンの観点から分析することは,人や動物の行動の原因を理解したり,望ましい行動を増し,望ましくない行動を減らす行動変容の手法を考える際に有用である。

古典的条件づけと同じく,オペラント条件づけによって学習された行動にも消去と自発的回復がある。学習された行動は,行動が生起しても強化刺激を与えなければ,行動の生起頻度が次第に減少して消去される。行動が生起しなくなるまで消去した後で,しばらく時間をおくとその行動が回復するという自発的回復が生じる。

オペラント条件づけは自発的な行動が条件づけるため,自発的に行われない行動では条件づけを成立させることが難しくなる。このような場合に利用されるのが,強化と消去を組み合わせた**シェイピング**（反応形成）という手法である。もともと自発的に行われない行動を条件づけるには,ステップを踏んで目標となる行動に近づけていくという方法を取る。例えば,スキナー箱であれば,ネズミがレバーの方向を向いたらエサを与えて強化する。レバーの方を向くようになれば,今度はレバーに近づいた場合にエサを与えて強化し,さらに,レバーに触ったら強化する。最終的にはレバーを押した場合に強化する,といったステップを踏むことで,自発されにくい反応を形成することができ

る。これは動物に曲芸を仕込む時にも利用される手法である。

（3） 社会的学習（観察学習）

これまでに説明した学習は，自分が直接に経験し，外部から強化を受けることで行動の仕方を学ぶプロセスである。しかし，高度な社会生活を営む人間は，他者の行動を観察するという間接的な経験から学んでいることも多い。例えば，弟や妹が兄や姉の行動を真似して，同じことを自分もやろうとする場面をよく見かけることだろう。このように，モデルとなる他者の行動を観察することで成立する学習を**観察学習**または**モデリング**といい，**社会的学習**の重要なメカニズムだと考えられている。

オペラント条件づけでは，学習者が自分の行動の後に受ける報酬や罰が学習に必要であった。これに対して，観察学習は報酬や罰が与えられなくても生じる。とはいえ，観察学習においても，報酬や罰はやはり行動に影響する重要な要素である。観察学習では，モデルとなる他者が報酬や罰を受けるのを観察することで，それらが観察者に対しても同じように機能し，行動に影響を与える。これを**代理強化**という。

バンデューラーは，子どもの攻撃行動の学習において代理強化の影響を検証した（Bandura, 1965）。モデルとなる人物が人形に対して乱暴な行動をした後で，そのモデルが褒められた場合，罰を受けた場合，賞も罰もなかった場合を子どもに見せた。その後，同じ人形が置いてあるプレイルームで子どもを自由に遊ばせ，人形に対してモデルと同じ乱暴な行動を取るかを観察した。その結果，罰を受けたモデルを見た子どもは，他のグループよりも乱暴な行動が少なく，代理強化の効果が見られたのである。

バンデューラーは観察学習の成立を支える要素として，注意過程，保持過程，運動再生過程，動機づけ過程の4つを挙げている（Bandura, 1971）。観察学習が成立するには，ある人物の行動に注意を払い，観察した内容を覚え，その行動再生し，習得した行動を実行に移すように動機づけられていることが必要となる。

3　学習理論の応用：行動療法

　本章で紹介した学習理論は，教育，臨床，経営など多様な領域で活用されている。ここではその代表例として，**行動療法**について触れておく。

　行動療法とは，学習の原理に基づいて不適応な行動を，変容・除去し，適応的な行動を形成する方法である。行動療法では，人間の行動はその大部分が学習の結果であるととらえ，問題行動や不適応な行動は，適切な学習が不足しているか，または不適切な行動を学習した結果であると考える。こうした不適切な行動や問題行動を古典的条件づけ，オペラント条件づけ，社会的学習を応用して除去したり，あるいはこれらを利用して適切な行動の学習を行う。不安障害，強迫性障害，パニック障害，摂食障害等多くの精神疾患に対する治療方法が提案されており，成果を挙げている。一般に，行動療法は他の心理療法と比べ，治療に要する期間が短く，治療経過を客観的に理解できる，という特徴がある。

　行動療法の具体的な技法として，古典的条件づけを応用した系統的脱感作，オペラント条件づけを応用したトークン・エコノミー法やシェイピング法等がある。

（1）　系統的脱感作

　ウォルピによって開発された**系統的脱感作**は，不安障害などの治療に用いられ，恐怖や不安を除去する技法として一般的である。系統的脱感作は，ある刺激に対して不安や恐怖など好ましくない反応が結びついている時，同じ刺激に対して，その反応とは両立しない反応（リラックスする）を同時に引き起こすことで，不安や恐怖の反応を段階的に除去していく技法である。例えば，高い所に行くと恐怖や不安を感じるという場合，高所という刺激に恐怖や不安という反応が結びついていることになる。この不安や恐怖を，ステップを踏んで除去していくのだが，まず，不安を感じる具体的な場面を列挙してもらい，それ

を主観的に感じる不安の強さの順に並べた不安階層表を作成する（例：エスカレーターに乗る，ロープウェイに乗る，谷間の吊り橋を渡る）。そして，不安階層表の最も低い場面からイメージしてもらい，不安を感じたら，それを不安とは両立しないリラクゼーション反応によって消失させる訓練を行う。下位の場面で不安が起こらなくなれば，次の階層に進み，これを繰り返していく。最終的には，目標とした場面で不安や恐怖が起こらないようにする方法である。

（2） トークン・エコノミー法とシェイピング法

オペラント条件づけを利用した**トークン・エコノミー法**では，目標行動や望ましい行動がみられた時に，仮の報酬を与える。これをトークンといい，スタンプやシール，疑似コイン等が使用される。トークンが一定量まで貯まったら，欲しい物（飲食物や品物）がもらえる，特定の活動（テレビを見る，外出する等）が許可される，といった報酬と交換することができる。このように，トークン・エコノミー法では，目標行動が起こるたびにトークンでそれを強化し，トークンが貯まると他の物と交換できるというシステムになっている。

シェイピング法とは，目標行動に至るまでのプロセスをスモール・ステップに分け，実行可能なステップから徐々に複雑なステップへ進む手順を踏む技法である。例えば，拒食症のクライアントに食事行動を学習させる場合を例に挙げてみよう。このクライアントが人と話をするのが大好きだったとすれば，食事時間の時に，お箸に手をかけた場合，そばにいる治療者がクライアントに話しかけ，食事行動を行われなければ，ずっと沈黙したままでいる。この場合，話かけることが報酬として機能している。お箸に手をかける行動が増えたら，次は箸やフォークで食物を取った時に話しかけ，お箸に手をかけても話しかけない。さらに，食物を口元に持って行った時に話しかける，食物を口に入れたら話しかける，というようにステップを踏み，最終的には食物を確かに飲み込んだ時にだけ話しかける。このようなステップを踏むことで，次第に摂食行動を示すようになる。

これらの技法は障害児・者の身辺処理の訓練などにおいても効果がある。また，自閉性障害に対する支援プログラムとしても応用されている。

3　学習理論の応用：行動療法

コラム：トークン・エコノミー法による登校支援　＊＊＊＊＊＊＊＊＊＊＊＊＊＊

　不登校の問題を持つ児童生徒の支援として，トークン・エコノミー法を適用した事例（奥田，2005）を紹介しよう。奥田（2005）は，2名の高機能広汎性発達障害を持つ不登校児童と保護者を対象に，直接の行動観察と保護者や学校からの聞き取り調査から対象児の生活情報を包括的に査定し，トークン・エコノミー法を用いて登校支援を行った事例を報告している。Ｓ1は通常学級に通う小学校3年生の女児，Ｓ2は通常学級に通う小学校2年生の男児であった。

　奥田（2005）はまず，登校から下校までを1コマずつ区切り，学校で参加すべきイベントを週ごとに示した「登校がんばり表」（トークン・シート）を作成した。そして，各イベントで目標を達成できた場合に，当該箇所に自分で「お気に入りのシール」（Ｓ1は星や花，Ｓ2は電車や昆虫）を貼り付けてもらった。例えば，授業であれば，遅刻や早退をせずに参加した場合を達成とし，下校であれば自力で家まで帰宅した場合を達成とした。「登校がんばり表」には，週ごとに目標点があり，それを上回れば「おたのしみ」があり，目標を下回ったときは「おたのしみ」なしとするルールを設定した。Ｓ1は週に1回レンタルビデオを自分で選んで借りるのを楽しみにしており，Ｓ2は週末に駅まで特急電車を見に行くことを楽しみにしていた。そのため，これらを「おたのしみ」として設定した。目標点は介入時期によって異なり，最初の介入では，Ｓ1に1週間で80％の学校参加率となるイベント数を目標とさせ，Ｓ2には35％を目標とさせた。これを4週連続で達成したら，目標ラインをさらに高く設定して同様の支援を行った。

　その結果，不登校が顕著なときは学校への参加率がＳ1で10％，Ｓ2で20％台であったのが，最終的には100％の参加率が連続するまで改善された。この研究では，包括的な査定により，効果的なトークンや「おたのしみ」を個別に選定しており，これがトークン・エコノミー法による登校支援の成功につながったといえるだろう。

第3章 学習

【設問】 第3章

1） 古典的条件づけ，オペラント条件づけの例として，本書で取り上げたもの以外にどのようなものがあるか，具体例をそれぞれ3つ考えてみよう。

2） 身近な問題行動を取り上げ（例：迷惑駐車，授業中の私語等），罰を与えることなく好ましい行動へと変容させるには，どうすればよいのか，条件づけの観点から考えてみよう。

3） 過去1〜2年の間に観たテレビや映画によって，観察学習が成立した行動はないか考えてみよう。

4） 自分で達成したい目標や行動を決め，トークン・エコノミー法でそれを達成できるか実践してみよう（例：ある目標行動をしたら1ポイントとし，5ポイント貯まると自分にご褒美を挙げる等）。

第4章
記 憶

　日常生活の中で，自分の記憶に困ったことはないだろうか？「大事な予定や約束を忘れてしまった」「買い物に行ったけれど，必要な物を買い忘れてしまった」。そういった経験は誰にでもあるだろう。また，記憶というと，真っ先に学校での試験勉強を思い浮かべる人も多いかもしれない。試験勉強をしながら「どうして，自分はこんなに物覚えが悪いのだろう？」と感じたことがある人も少なくないだろう。日常生活における記憶の失敗談は事欠かない。「先日紹介された人の名前が思い出せない」「知っているはずの物の名前が出てこない」，ということもあるだろう。昔の友人達と久し振りに会い，思い出話に花を咲かせていると，同じ出来事について話しているのに記憶が食い違っている，ということもある。

　なぜ，このような事が起こるのだろうか。覚えたり，忘れたりするという私達の記憶は，一体どのような仕組みになっているのだろうか。

〔丹藤 克也〕

第 4 章　記憶

1　記憶の基本的な仕組み（記憶の基礎）

（1）　記憶のプロセス

　記憶の失敗談を考えるにあって必要なことは，記憶過程のどこで失敗が起こったのかを明確にすることである。記憶には，**符号化**（encoding），**貯蔵**（storage），**検索**（retrieval）という3つの過程がある。各過程では，様々な要因が記憶に影響する（次頁図4-1）。
　符号化は情報を取り込み，内的表象に変換する過程である。例えば，期末試験に向けた勉強をする時，そもそもの勉強の仕方や覚え方が悪ければ，試験会場で勉強した内容を思い出すことはできない。この情報を獲得する符号化の段階では，**リハーサル**の回数や，どのような**符号化方略**を使用して覚えるか，情報のどのような側面に注意を向けるのか，どれくらい時間を費やしたか，といった要因が記憶に影響する。リハーサルとは，覚えるべき情報を声に出したり，心の中で何度も繰り返し唱えたりすることをいう。符号化方略とは，覚え方のことであり，符号化の段階で使用される情報を覚えるために行われる認知的活動のことをいう。具体的には，覚えたいものを何度も書く，物語を作って覚える，語呂合わせをする，映像を思い浮かべるなどイメージを使う，といった活動が挙げられる。情報を長く記憶に留めておくには，効果的な符号化方略を使用する必要がある。
　次の段階である貯蔵は，情報を記憶に保存しておく過程である。時間経過と伴に貯蔵した情報の痕跡が薄れていき，失われてしまうことで忘却が起こると考えるのが一般的であろう。貯蔵段階で記憶に影響する重要な要因として，他の情報を貯蔵することによって生じる妨害効果である**干渉**がある。新たに貯蔵した情報が，前に貯蔵した情報の保持を妨害することを**逆向干渉**という。反対に前に貯蔵した情報が，新しい情報の貯蔵を妨害することを**順向干渉**という。

1　記憶の基本的な仕組み（記憶の基礎）

| 符号化 | ⇒ | 貯蔵 | ⇒ | 検索 |

図4-1　記憶の3つのプロセス

　最後に，貯蔵した情報を思い出す過程が検索である。情報が符号化され，貯蔵されていても，思い出すのに失敗すれば忘却である。記憶の失敗として語られる忘却は，実際には情報そのものが失われたのではなく，検索に失敗したことが原因であるケースも多い。以前に会った人の名前がその場で思い出せなくても，のちに何かのきっかけで正しく思い出されることがある。このような例は情報そのものが失われたわけではなく，検索に失敗したのである。また日常生活の中では「確かに知っているはずで，喉まで出かかっているのに思い出せない」という経験をすることがあるだろう。これは「**喉まで出かかる（tip-of-the-tongue）現象**」と呼ばれ，貯蔵された情報を正しく検索し，意識化するまで至っていない状態である。

　記憶から情報を取り出す検索過程は，大きく**再生**と**再認**という2つのタイプに分けられる。再生とは，試験で選択項目なしに正しい言葉を入れる記述式のテストのようなもので，貯蔵した情報を自分自身で思い出して再現する場合である。再認とは，選択肢式テストのようなものであり，提示された選択肢の中から覚えた項目かどうかを判断する場合である。例えば人の顔を見て，その人の名前を自分で思い出す場合が再生であり，誰かが名前を口にし，それがその人の名前だったと思い出す場合が再認である。

（2）　短期記憶と長期記憶：二重貯蔵モデルと系列位置効果

　一口に記憶と言っても，その種類は実に多様である。一般に，記憶は**短期記憶**と**長期記憶**という2つの貯蔵庫に分けられる（Atkinson & Shiffrin, 1968）。短期記憶は一時的に情報を保存する貯蔵庫であり，電話をかけたり，メモを取ったりする場合に利用される。例えば電話をかける時，電話番号を見てからプッシュボタンを押し終わるまで，電話番号を一時的に覚えておく必要がある。だが，電話をかけるまで覚えていたはずの番号も，その後すぐに忘れてしまう

第 4 章　記憶

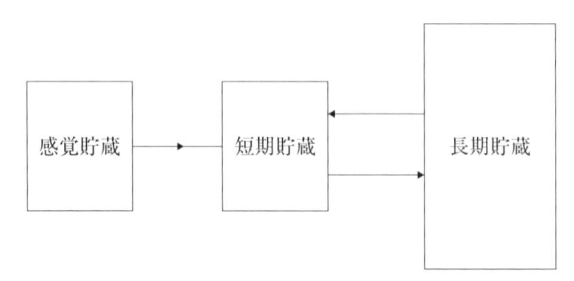

図 4-2　二重貯蔵モデル（Atkinson & Shiffrin, 1968を一部改変）

だろう。このような場合に使用されるのが短期記憶である。短期記憶の特徴は，貯蔵できる容量と時間に限界がある点にある。短期記憶に保存された情報は，リハーサルを行わないと15〜30秒ほどで消失する。成人の場合，短期記憶に保持できる情報量は 7 ± 2 項目と言われており，これを超えると貯蔵することが困難となる。アメリカの心理学者ミラーは，これを「**不思議な数 7 ± 2**」と呼んだ（Miller, 1956）。また，ミラーは意味のある情報のまとまりを**チャンク**と呼び，短期記憶の限界はチャンクを単位として決まると考えた。例えば，「22360679」は 8 桁の数字だが，語呂合わせをして「富士山麓（2236）」「オーム鳴く（0679）」と覚えれば 2 チャンクとなる。意味づけることで情報をまとめ，チャンク化することで，短期記憶に貯蔵できる情報量を増やすことができる（図 4-2）。

　子どもの短期記憶の容量は成人よりも少ないが，幼児期に急速な発達を遂げる。数字系列を保持する課題の場合，2 歳から 3 歳頃にかけて短期記憶の容量は 2 項目から 3 項目へと増加し，5 歳頃には 4 項目，6 歳過ぎには 5 項目の情報が保持できるようになるとされる（上原，2008）。

　この短期記憶の中でリハーサルされ，忘却を免れた情報は長期記憶へと転送される。長期記憶の容量は膨大であり，実質的に容量の限界がなく，長ければ一生涯にわたって情報を保存することができる。短期記憶から長期記憶へ転送するためにはリハーサルが重要であるが，覚えたい情報を単純に何度も繰り返し唱えればよいのかといえば，そうではない。リハーサルには大きく分けて，**維持リハーサル**と**精緻化リハーサル**の 2 種類がある。維持リハーサルは，短期

1　記憶の基本的な仕組み（記憶の基礎）

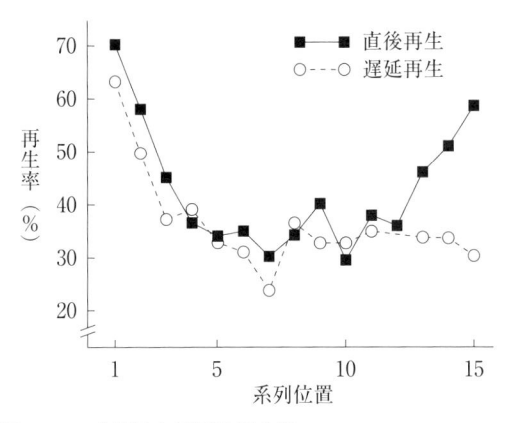

図4-3　典型的な系列位置曲線（Glanzer & Cunitz, 1966）

記憶に情報を維持するために，単に何度も繰り返し唱えるだけのリハーサルである。これに対して，精緻化リハーサルは長期記憶への貯蔵を促進するもので，情報を意味づけたり，覚えたい事柄に関連した情報を付け加えたりといった，内容を豊富にする意味的な処理をする作業をいう。

　記憶には，短期記憶と長期記憶の2つの貯蔵庫があるとする**二重貯蔵モデル**を支持する根拠として，**系列位置曲線**が挙げられる。系列位置曲線は十数個の単語を1つずつ順番に提示し，後で自由に再生してもらう実験から得られる再生成績である（図4-3）。系列の中間部分と比べ，最初に覚えた数項目の再生率が高くなる現象を**初頭効果**といい，最後の数項目の再生率が高くなることを**新近効果**という。最後の単語を提示した直後に再生を始める再生では，初頭効果と新近効果のいずれも認められる。だが，最後の単語を提示してから30秒ほど別の課題に取り組んでもらい，遅延時間をおいてから再生を始める遅延再生では，初頭効果は認められるが，新近効果は消失する。この結果から，新近効果は数十秒の時間をおくと，失われる短期記憶に保存された情報を反映しており，それ以外の部分は長期記憶に保存された情報を反映していると考えられる。最後の数項目が短期記憶に貯蔵されている間は，そこから再生ができるため新近効果が表れるが，数十秒の遅延時間を空けると，短期記憶からは情報が失われるために新近効果が消失する。先頭部分で覚えた数項目は最初だけでな

く，中間部や終わりの部分でも繰り返しリハーサルされる。このように，より多くのリハーサルが行われるために先頭部分の項目は長期記憶に転送されやすく，再生率もよくなり初頭効果が現れる。短期記憶と長期記憶という2つの貯蔵庫を想定することで，系列位置曲線を説明することができるのである。

2 記憶の区分

貯蔵される情報の種類によって，長期記憶もさらにいくつかの種類に区分することができる。長期記憶に貯蔵されている記憶には，「初めて家族で海に泳ぎに行った時の体験」のような思い出の記憶もあれば，「水泳という競技」についての知識もあり，「泳ぎ方」のような技能についての記憶もある。長期記憶にある情報は大きく2種類の記憶に区分される（図4-4）。一つは言葉で表現できる情報である**宣言的記憶**であり，もう一つは，必ずしも言葉で他人に伝えられるとは限らない技能や運動感覚に関する記憶である**手続き記憶**である。

（1） 宣言的記憶：エピソード記憶と意味記憶

タルビングによれば，宣言的記憶はさらに**エピソード記憶**と**意味記憶**に区分することができる（Tulving, 1972）。エピソード記憶は思い出の記憶であり，過去の個人的な体験に関する記憶である。「小学生の時に初めて家族で海に泳

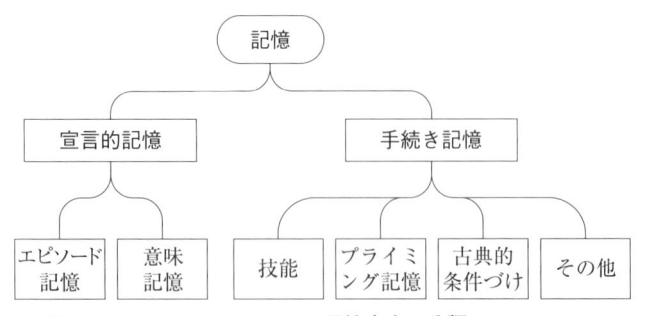

図4-4　スクワイヤーによる記憶内容の分類 (Squire, 1987)

2　記憶の区分

ぎに行った」や「去年の夏にスペイン旅行に行った」という体験の記憶はエピソード記憶である。エピソード記憶の特徴として，「いつ・どこで」その体験をしたのか，という時空間（時間や場所）に関する情報が含まれた自己の経験に関する記憶であることが挙げられる。これに対して，意味記憶は出来事や事物についての一般的な知識や事実に関する記憶である。例えば競泳にはクロール，平泳ぎ，背泳ぎ，バタフライという泳ぎ方があるといった「水泳という競技」に関する知識や，「スペインはヨーロッパの南西にある」「日本の首都は東京だ」「apple という英単語は，日本語でリンゴという意味だ」といった，「いつ・どこで」覚えたのか特定できないような一般的な事実の記憶である。

　エピソード記憶と意味記憶には，時空間的に定位される個別の出来事に関する記憶か，そうした情報を伴わないより一般化された記憶かという内容に違いがあるだけでなく，その他にも特徴的な違いがある。例えば，記憶は一般に年とともに衰えていくと考えられているが，加齢の影響は記憶の種類によって異なる。エピソード記憶は加齢による影響を受けやすく，高齢者ではパフォーマンスの低下が見られやすい。これに対して，意味記憶は加齢によるパフォーマンスの衰えはそれほど見られない。こうした知見から，両者は内容的な違いがあるだけでなく，記憶システムとして異なっていると考えられている。

（2）　手続き記憶

　手続き記憶は認知・運動の技能や運動感覚に関する記憶である。海やプールで泳ぐことができるのは，泳ぐという動作・運動過程の記憶が利用されているからであり，こうした「泳ぎ方」の記憶は手続き記憶である。何度も繰り返し身体を使って覚えたもの，例えば自転車の乗り方やタッチタイピングなども手続き記憶である。情報を意識的に思い出して利用したり，言葉で説明したりすることができる宣言的記憶と違い，手続き記憶は実際の認知活動や行動が伴わないと意図的に思い出したり，言葉で説明することが難しい。例えば，自転車の乗り方を言葉で説明しようとした場合，まったく説明できない訳ではないが，路面状況やスピードを瞬時に判断し転倒しないように運転する，といったバランスを取る運動技能を言葉で説明するのは難しいであろう。こうした手続

き記憶は，記憶情報が利用されている時にも，思い出されていることが意識されないことが多い。

　手続き記憶は，運動感覚や運動技能だけに限られたものではない。単語や図形を学習させ（例：しんりがく），その後しばらく時間が経過してから，穴空きの単語（例：し□り□く，せ□り□く）を提示し，最初に思いついた単語で完成させるよう求めると，学習時に提示された単語（例：しんりがく）の完成率が，提示されていなかった単語（例：せいりがく）よりも高くなる。これを**プライミグ効果**という。プライミグ効果も，最初に覚えた単語を思い出そうと意識しているわけではなく，また覚えたことを思い出しているという意識がない状態で生じるものであり，手続き記憶の例である。脳損傷によって一般的な知能は高く保たれているのに，日常的な経験が記憶できない健忘症の患者では，宣言的記憶を新たに獲得できないが，運動技能やプライミングなどの手続き記憶は新たに獲得できる場合がある。

3　記憶の改善

　本章の冒頭で取り上げたように，私達の日常生活は記憶の失敗に満ち溢れており，多くの人が何とか記憶を改善したいと考えているだろう。ここでは記憶を改善するヒントをいくつか紹介したい。記憶を高めるために重要なことの1つは，どのような符号化方略を利用するのかということである。効果的だと思っている符号化方略が，実際にはそれほど効果的でない場合がある。その代表例が「書いて覚える」という方略であろう。日本では書いて覚えるという方略が一般的でありよく使用されるが，この方略は覚える対象によって効果的かどうかが異なる（仲，1997）。日本人とって不慣れなアラビア文字や無意味な図形など，書く練習をしなければ後で再現することが難しいものは，書いて覚えることが効果的である。しかし，頭の中で意味や概念などを思い出せればよいものを覚える際には，特に効果的な方法とはいえないことが明らかにされている。

3　記憶の改善

　効果的な符号化方略としては，情報を付け加えたり関連づける精緻化方略，画像やイメージを利用する方略，分散学習などが挙げられる。

　理解を伴わない機械的な暗記は効果的でない。覚えたい対象に情報を付加したり，意味づけたりすることを**精緻化**といい，記憶を促進する効果がある。例えば，「お腹の空いた男がネクタイを締めた」という文章を覚える場合，情報を付加して「お腹の空いた男が高級レストランに行くためにネクタイを締めた」として，理解したほうが記憶成績は向上する。既に自分が持っている知識と覚えたい対象を結びつける，連想をつなげていくということも記憶を促進する効果がある。また，覚えたい情報が自分に当てはまるかどうか判断するなど，自己概念と結びつけることも記憶を促進する効果があり，これは**自己関連づけ効果**と呼ばれる。

　画像やイメージを利用した方略も記憶成績を促進する効果がある。同じ対象を覚える場合でも，それを単語として言語的に覚える場合と，画像として覚える場合では，後者のほうが記憶成績がよくなることが知られている。これは**画像優位性効果**として知られる現象である。頭の中にイメージを思い浮かべることも同様に効果がある。

　覚えたい情報を何度も繰り返し学習したほうが，一度だけ学習するよりも記憶に残りやすいのは当たり前であるが，同じ回数繰り返すのであれば，短期間で連続して繰り返す**集中学習**よりも，ある程度時間を空けて繰り返す**分散学習**のほうが効果的である。例えば，同じ10個の英単語を10回繰り返して覚えるのであれば，「1つめの単語を連続して10回繰り返す，2つめの単語を連続して10回繰り返す……」という覚え方よりも，「まず10個の単語を1から10まで全部覚える，次にまた1から10まで全部を覚える」ということを10回繰り返したほうが記憶に残りやすいのである。

　符号化方略のほかにも，記憶を促進する方法がいくつかある。記憶には**文脈効果**というものがあり，符号化した文脈と検索する文脈が類似しているほど，記憶成績が向上するという基本原則がある。例えば，ゴドンとバッドリー (Godden & Baddeley, 1975) は，スキューバ・ダイビングのクラブの学生を対象に，水中と陸上で単語を学習し再生してもらった。その結果，陸上と水中の

第4章　記憶

いずれで学習したかに関わらず，同じ文脈で再生したがほうが（水中で学習し，水中で再生するか，陸上で学習し，陸上で再生する），異なる文脈で再生するよりも（水中で学習し，陸上で再生するか，陸上で学習し，水中で再生する），記憶成績がよいことが明らかとなった。このように符号化する文脈と検索する文脈を一致させることも，記憶を向上させる重要な要素なのである。

コラム：あなたの記憶は本物ですか？偽りの記憶をめぐる論争　＊＊＊＊＊＊＊

　1980年代の後半から1990年代半ばにかけて，北米やヨーロッパを中心に記憶を巡る激しい論争が巻き起こった。それは，子どもの頃に受けたという性的虐待の記憶を巡る論争である。子どもの頃に受けたトラウマ体験の記憶が意識の外へと抑圧され，何年もの間，思い出すことができず，数年から数十年経過してから心理療法を受ける過程でその記憶が蘇ってくる。そして，その記憶を元に虐待の加害者とされる人物が訴えられるという事例が相次ぎ，社会問題となった。果たして蘇った記憶は本物なのだろうか。この問題を巡って，記憶研究者と心理療法家が激しく対立した（詳しくはSabbagh, 2009を参照）。一部の心理療法家の間には，身体的・精神的な不適応症状の背景には抑圧された記憶があり，心理療法によって抑圧された記憶を回復することが重要だという考えがあり，こうした心理療法家は蘇った記憶を真実だと捉えている。これに対して，記憶研究者の多くは，心理療法のなかで回復された記憶は「偽りの記憶」である危険性を指摘している。

　記憶は再構成であり，変容しやすいことが，これまでの記憶研究から明らかにされている。人のエピソード記憶は社会的圧力をかける，イメージを膨らませる，何度も想起する，といった要因によって歪み，実際には体験していない出来事を思い出してしまうことがある。例えば子どもの頃ショッピング・モールで長時間にわたり迷子になった，ウェディング・パーティーでパンチボウルをひっくり返した，子どもの頃に溺れかけてライフガードに救助されたなど，実際には体験していない出来事であっても，先に挙げた技法を使用することによって，その出来事を体験したという信念を植え付けたり，その出来事の具体的な記憶を作り出したりすることが可能であり，その記憶は非常にリアルであるということが実験により明らかにされている。さて，自分の子どもの頃の思い出を，何か思い出してみて欲しい。間違いなく体験したと感じているその子どもの頃の思い出は，果たして本物だろうか？

3　記憶の改善

【設問】　第4章

1）記憶の二重貯蔵モデルの根拠となる知見には，どのようなものがあるだろうか？
2）短期記憶と長期記憶の特徴を，それぞれ挙げてみよう。
3）手続き記憶の例として，本書で取り上げたもの以外にどのようなものがあるか，考えてみよう。
4）エピソード記憶と意味記憶の具体例を5つ挙げてみよう。
5）私達は普段，何かを覚えたいときには，様々な符号化方略を使っている。自分がよく使う符号化方略にどのようなものがあるのか，整理してみよう。
6）自分が最近体験した「記憶にまつわる失敗事例」を3つ挙げ，その失敗の原因が符号化・貯蔵・検索のどの段階にあったのか，自分なりに考えてみよう。

第5章
認知
（思考と言語）

　私達人間は，これまでの進化の過程で他の種にはない高度な文明を創り出してきた。何故，人類のみがこのような進化を遂げることができたのだろうか？

　それは，人間のみが言語というコミュニケーション手段を持ち得たからである。そして，種として言語を獲得した人間は，複雑な思考をすることも同時に可能になった。心理学では，人間の『知』の仕組みを知ることも重要である。

　この章では，言語，思考，そしてメタ認知に関して基礎的な概念を学習する。そして，人間の最も人間らしい『知』の起源や，その仕組みについて理解することで，人間の理解を深めることを目的とする。

（二瀬　由理）

第 5 章　認知（思考と言語）

1　言語

　人間は言語を使うことで，自分の考えをまとめたり，他人とコミュニケーションをとったりすることができる。また，文書にすることで，実際には会えない人々（例えば，直接会うことができない自分の数世代未来の子孫等）にも，自分の考えや経験を伝えることができる。普段，何気なく本を読んだり人の話を聞いたり，自分の意見を他の人に伝えたりしているが，実は言語を理解したり，生成したりすることは，非常に難しいことなのである。実際，私達が母国語以外の言語を使う場合，その困難さに初めて気づかされる。
　この節では，私達が毎日使っている言語について考えてみよう。

（1）　言語処理

　言語を使用には，**言語産出**と**言語理解**の2つの側面がある。言語産出とは頭の中で考えた事を文にして，発話をしたり，文字に書き残したりすることである。これに対して，言語理解は，他人が発話した音声や，本などに記されている文章から意味を取り出し理解することである。このような言語使用の2つの側面を踏まえて体系化したモデルが（次頁図5-1　坂本，2000）に示されている。このモデルには，言語産出と言語理解が基本的には同じ認知システムを使用し，処理方向が逆であることを示している。この節では，言語処理過程のうち，文字認知の過程，単語の処理に関わる単語認知過程，そして句や文の処理に関与している統語解析の代表的なモデルを紹介する。

1）　文字認知：どうやって文字を認識する？

　特定のパターンを，カタカナ，ひらがなそして漢字等の1つの文字として認識することを文字認知という。文字認知の代表的な考え方には**鋳型照合モデル**と**特徴分析モデル**の2種類がある。
　鋳型照合モデルは，網膜像に映し出された文字と，私達の記憶の中にある文字の鋳型と照合し，それとどの程度一致しているかによって文字を同定する考

1　言語

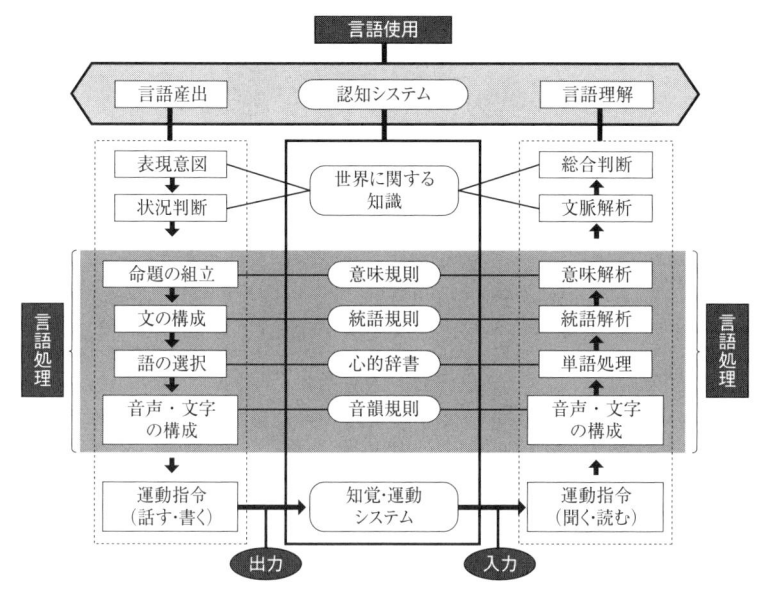

図5-1　言語使用に関わる言語処理過程

え方である。これに対して，特徴分析モデルは，入力パターンを垂直線，水平線，斜め線，交差などいくつかの特徴に分けて処理し，それらの特徴を組み合わせることで，複雑な文字パターンを認識すると仮定した。この代表的なモデルとして考えられているのが，セルフリッジが考案したパンディモニアムモデルである（次頁図5-2参照）。これら2つの文字認知モデルは，どちらも入力刺激から始まるボトムアップ処理モデルである。

2）　単語認知：どうやって単語を認識する？

単語認知モデルには文字処理に焦点をあてた**相互活性化モデル**（McClelland & Rumelhart, 1981）がある。次頁図5-3に相互活性化モデルを示す。このモデルは，ニューテルネットワークモデルの代表例である。単語の処理には，「特徴レベル」「文字レベル」「単語レベル」の3つのレベルがあり，入力により，適切なノードが活性化し，さらに，それに連結したノードが活性化する。最終的に，最も強く活性化した単語レベルのノードの単語が認識されることになる。

第5章　認知（思考と言語）

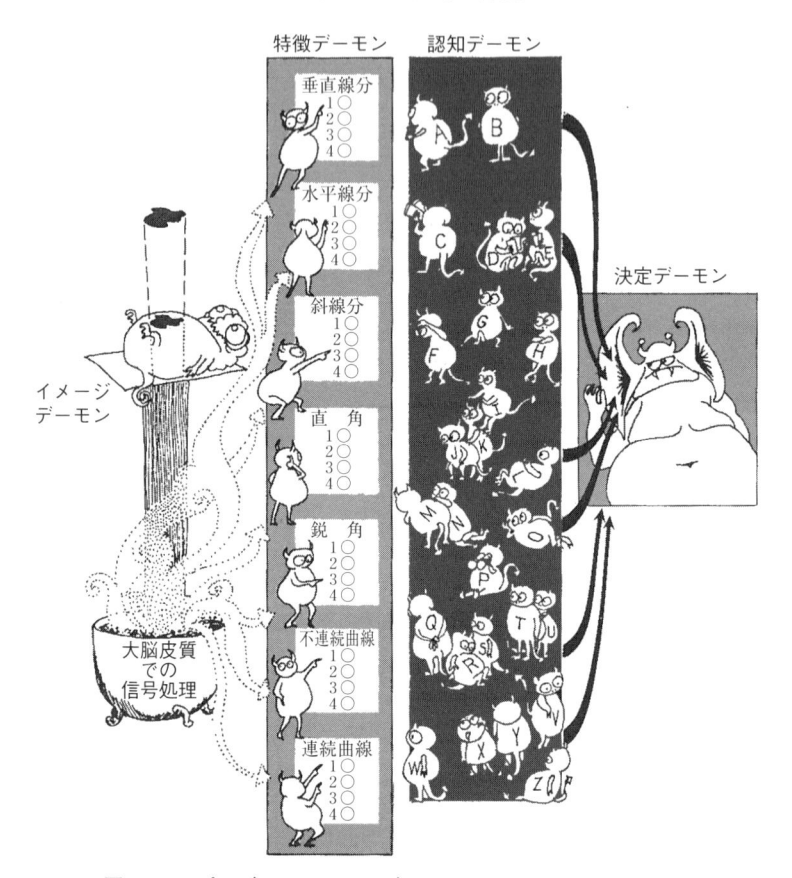

図5-2　パンディモニアムモデル（Lindsay & Norman, 1977より）

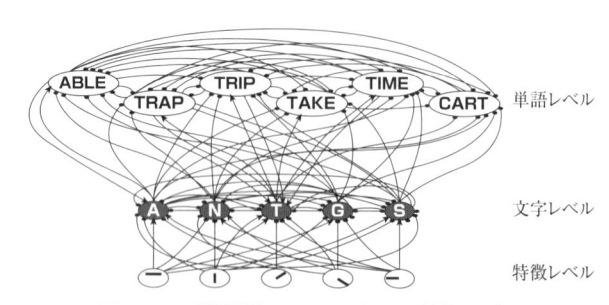

図5-3　単語認知における相互活性化モデル

1　言語

図5-4　文1の状況例

3）　統語解析：文の意味をどう理解する？

以下の文はどういう意味だろうか？

"これは，太郎と花子が買った車を撮った写真だ" …… 文1

この文の解釈には，2通りのものが考えられる。図5-4の左の写真を想像した人は，この車が太郎と花子が一緒にお金を出して買ったものだと理解したのであろう。これに対して，右のような写真を想像した人は，花子が買った車と太郎が映っている写真だと理解したのである。

（2）　言語獲得

中学生になって初めて英語を勉強しても，なかなか覚えられなかった経験はないだろうか？　これに対して，母国語である日本語に関しては一所懸命勉強した憶えもないのに，人の話を聞いて理解することや自分の考えを言葉にすることも簡単にできる。子どもは，一体どのようにして言語を獲得しているのだろうか？

1）　言語を獲得する方法

「子どもが言葉をどのようにして学んでいるのか？」この問いに関して，いくつかの仮説が考えられている。

　　仮説①：子供の言語獲得は大人を模倣したものである。

子どもが語彙を獲得するのは，大人の真似をしているという考えである。オウムや九官鳥に向かって，何度も繰り返し同じ言葉を発し続けると，その言葉を話せるようになる。これは人間の発する言葉を真似ているからである（もち

第 5 章　認知（思考と言語）

ろん，その際，発している言葉の意味を理解しているわけではない）。子ども
も同じように周りの大人が発した言葉を真似することで，語彙を増やしている
というのがこの仮説の考え方である。しかし，大人の発話を模倣するだけで，
言葉を学ぶとしたならば，大人が発していない言葉を獲得することは不可能で
ある。

　　仮説②：子どもは条件づけによって言語を獲得している。
　子どもが文を産出した際，文法的に正しければ大人が報酬を与え，間違って
いれば大人が叱責するという仮説である。
　しかし，ブラウンらによると，親は理解可能な言葉である限り，どのような
言い方で子供がしゃべったかについては注意していないことが明らかになって
おり，大人によるフィードバックで言語を獲得しているとはいえない。
　　仮説③：言語についての仮説を生成し，その仮説を検証してみて，うまく
いったならその仮説を採用する，という方法を用いている。

2）臨界期（感受性期）

　言語学習にも臨界期が存在することをレナバーグが提唱した。このような言
語学習における臨界期の存在を証明した事例は，その後いくつか見つかってい
るが，特に興味深いのは"ジーニー"と名付けられた少女の調査である。彼女
は，生まれてから13歳になるまで，虐待・監禁され，その間，言語習得に必要
な入力を得ることができなかった。その後，救出され，普通の人と同じように
生活できるようになるものの，臨界期を逃しており，結局彼女は言語の獲得を
することができなかったのである（Curtiss, 1977）。この事例は，確かに言語
習得には臨界期が存在することを示している。
　また，最近の脳科学的研究からは，子どもが劇的に言語を習得する過程で，
急激に人間の発達段階の脳の重さが増えることが示されている（Sakai,
2005）。次頁図 5 - 5 はその研究で示された脳の重力変化を示したもので，この
図から言語発達には重要な期間である 6 歳ぐらいまでの間に，脳の重量が増大
し，それ以降はほぼ変化しないことが示されている。

（3） 失語症

大脳皮質の左半球に，言語機能に決定的である二つの領域がある。一つは，前頭葉後方にある**ブローカ領域**であり，もう一つは，側頭葉の**ウェルニッケ領域**である。

ブローカ失語症患者（ブローカ領域に損傷がある患者）は，発話が流暢ではない。単純な文でさえ，休止と言いよどみが多い。しかし語の意味は失われていないので，他の人の話している事は理解できる。これに対して，ウェルニッケ失語症患者（ウェルニッケ領域に損傷がある患者）は，発話は流暢である（統語は損傷されていない）が，語の意味は完全に失われている。適切な名詞を見つけ出すことが困難であり，時には勝手な語が創り出される。つまり，ブローカ失語では統語段階に損傷があるのに対し，ウェルニッケ失語では語と概念の水準に損傷がある。

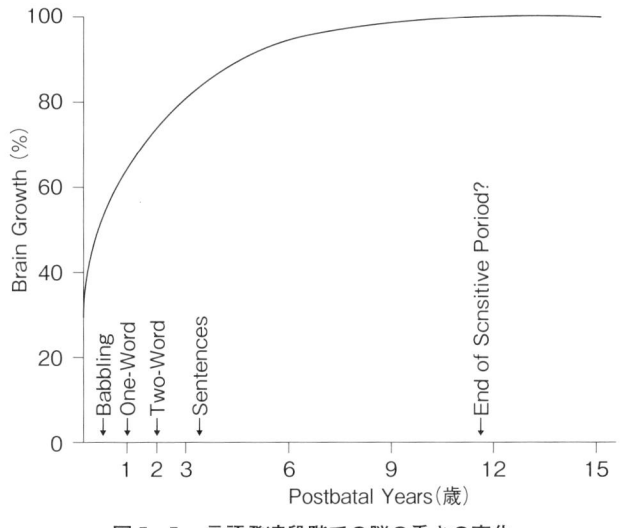

図 5-5　言語発達段階での脳の重さの変化

第 5 章　認知（思考と言語）

2　概念と思考

（1）　思考の構成要素

　「考えること」，つまり「思考」は精神活動において言語を使用することである。思考の様式は，単一ではなく複数存在する。まず 1 つは，「心で聴いたり書いたりする」ような一連の文に対応する思考様式で，**命題的思考**と呼ばれるものである。これに対して，イメージ，特に心に「描く」ことができるような視覚的イメージに対応した思考様式もあり，これが**イメージ的思考**である。心理学で多く研究されている思考様式は命題的思考であり，ここでは，この命題的思考の構成要素である概念について説明する。

1）　概念とは

　概念とは，ある特定のクラスに対応づけられる属性集合のことである。例えば，"猫" と "犬" という概念について考えてみよう。"猫" も "犬" も "4 足歩行" をする "動物" である。この点で共通属性を持っている。これに対して，"猫" は "ニャー" と鳴き，"犬" は "ワン" と吠えるという，異なる属性が存在する。そのため，別の概念として捉えられる。このような概念は精神活動において様々な役割を担っている。まず 1 つは，周りの世界を，人が扱える単位に分割するという機能（**認知的経済性**の提供）である。この働きによって心に表象する対象世界の複雑性を低減することができる。また，対象を特定の概念に対応づける（カテゴリー化する）ことで，私達は，その対象から直接知覚できない属性を含めて，該当する概念に関する多くの属性を持つものとして取り扱うことが可能になる。例えばビーズクッションを初めて見た時，これは一体何だろうと思った経験がある人もいるだろう。友達に「これはクッションだよ」と言われて，座ってみたはずだ。このように，見ただけでは全くどのように使用するのか分からないものでも，それが属する概念を知ることで，その使用法を理解できることがある。つまり，直接得られない種類の情報について

まで予測できるようになること（予測力と呼ばれる）である。これも概念の役割の1つである。

2）概念とカテゴリー化

では、一体、人はどのような方法で、対象をカテゴリー化するのであろうか？　このカテゴリー化の方法は、その対象が対応づけられる概念が、よく定義されたものである場合と曖昧なものである場合とで異なる。

例えば、"祖父"という概念と"犬"という概念では、カテゴリー化の方法が異なるのである。"祖父"のようによく定義された概念の場合は、その対象が概念の**プロトタイプ**（より典型的な事例）にどの程度で近いかで決定する。そのため、対象が白髪の老人の男性であれば、"祖父"というカテゴリーに分類される。さらに、よく定義された概念の場合は、その対象が、概念に必要な定義的特徴を備えているか否かを検討することで判断することができる。先ほどの例では、その老人に子どもがいて、さらにその子どもに子どもがいる場合は、間違いなく"祖父"というカテゴリーに属していることが判明する。

これに対して、"犬"などのような曖昧な概念にカテゴリー化する場合は、よく定義された概念の規則に則ってカテゴリー化できるような定義的特徴があるわけではない。従って、類似性に基づいてカテゴリー化を行うことになる。

（2）推論の種類とそれぞれで生じるバイアス

次の問題を考えてみよう。

(a)　「明るい人は人気者だ」「怒りっぽい人は人気がない」この2つの命題が真の場合、「明るい人は怒りっぽくない」は真か？

(b)　「カラスは空を飛ぶ」「すずめも空を飛ぶ」「白鳥も空を飛ぶ」これらの命題からどんな結論が導き出せるか？

(c)　3人の囚人A，B，Cのうち2人が処刑され、1人が釈放されることが分かっている。誰が釈放されるか知っている看守に対し、Aが、「BとCのうち、少なくとも1人処刑されるのは確実なのだから、1人の名前を教えてくれないか」と頼んだ。看守はAの言い分に納得して、「Bは処刑されるよ」と教えてやった。それを聞いたAは、「これで釈放されるのは自分とCだけになっ

第5章 認知（思考と言語）

表5-1 推論で生じるバイアス

名称	内容	推論
信念バイアス	前提に関わらず，結論のもっともらしさが論理的判断に影響を与える	演繹的推論
雰囲気仮説	前提文の形式と結論文の形式が似ている場合に結論を真だと思いやすい	演繹的推論
マッチング・バイアス	人は規則「PならばQ」の反証例を挙げる場合に，PやQが肯定，否定であるにかかわらず，一般に肯定形を好む傾向がある	演繹的推論
変換仮説	前提文の逆も真だと考える	演繹的推論
格バイアス	3段論法は，格によって難易度に差がある	演繹的推論
確証バイアス	帰納的推論において，演繹的な推論規則の使い方に偏りが生じる	帰納的推論
可用性バイアス	判断に利用しやすい事例の比率を過大評価する	確率判断
代表性バイアス	多くの事例を代表しているようにみえる事例の確率を過大評価する	確率判断

たので，助かる確率は1/3から1/2に増えた」と喜んだという。この喜びは妥当だろうか？

推論にはいくつかの種類が存在する。(a) の問いを考える際には，**演繹的推論**を用いる。(b) の問いは，**帰納的推論**，(c) は**確率判断**を用いる。ここでは，このような推論の特徴と，それぞれの推論で生じるバイアスについて説明する。

1) 演繹的推論

「カラスは鳥である」「鳥は空を飛ぶ」，ゆえに「カラスは空を飛ぶ」。このような3段論法は演繹的推論の代表例である。演繹的推論とは，普遍的知識から個々の事例について推論するものである。心理学の分野では，演繹的推論に関する研究は多く，推論の際に起こりやすいエラーやバイアスが見つかっている（**表5-1**参照）。

2) 帰納的推論

個々の事例を一般化して普遍的知識を推論するものである。つまり，帰納的推論では，経験的な事実を調べて何らかの一般的な原理がそこにあてはまっているかどうかを判断することになる。このような帰納的推論においても，推論の際に何らかのバイアスが生じ，エラーが起こる場合がある（**表5-1**参照）。

3） 確率判断

日常生活において，何か出来事が起こるか起こらないか，確率的に判断することが多い。例えば「今日雨が降る確率は？」「授業中先生に指される確率は？」等，些細なことで確率判断をしていることが多い。この確率判断をする際にもバイアスが生じ，正確な判断ができないことがある（前頁**表5-1**参照）。

（3） 問題解決

「短時間でおいしいカレーを作るにはどうすればいいのか」「どうすれば試験で良い点がとれるのか」。毎日の生活の中で，たくさんの問題解決を行っている。ここでは，普段当たり前に行っている問題解決はどのようなものか，そして問題解決のモデルにはどのようなものがあるのか具体的にみていく。

1） 問題解決の過程

ニューエルとサイモンは，問題解決の過程を「初期状態」（問題解決を行う前の状況）から「目標状態」（問題を解決した状態）を含んだ状態空間であると考えた。例えば，「夕飯のカレーを作る」という問題を解決する場合，初期状態は，今置かれている状況である。そして目標状態はおいしいカレーができあがっている状況である（**図5-6**）。この初期状態から少しずつ状況を変化させて，目標状態へと近づけていく。

2） 問題解決のモデル

問題解決のモデルには様々なものがある。**ロジック・セオリスト**は命題論理という，特定の領域の問題を解決するために作られたモデルである（Newell & Simon, 1956）。また，これに続きニューエルとサイモン（1963）は，一般的な問題解決のモデルとしてGPS（**一般問題解決システム**）を提唱した。さら

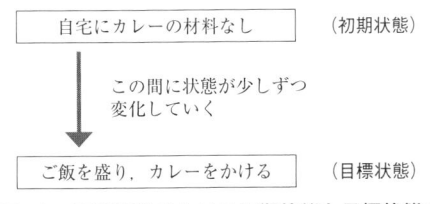

```
┌─────────────────────┐
│ 自宅にカレーの材料なし │　（初期状態）
└─────────────────────┘
          │  この間に状態が少しずつ
          ▼  変化していく
┌─────────────────────┐
│ ご飯を盛り，カレーをかける │　（目標状態）
└─────────────────────┘
```

図5-6　問題解決における初期状態と目標状態の例

に，ニューエルとサイモンは，人間の問題解決のモデルとしてプロダクション・システムを考案した（Newell & Simon,1973）。このプロダクション・システムには3つの構成要素がある。規則を示しているプロダクション，データベースの1種である作業用記憶，プロダクションの制御を行うインタープリターの3つである。また，近年ではCBR（**事例にもとづく推論**），MBR（**記憶に基づく推論**），EBL（**説明に基づく学習**）等の多くのモデルが提案されている。

3 メタ認知

　メタ認知という言葉は，普段あまり耳にする言葉ではない。メタ認知とは，自分自身の思考や認知についての認知のことである（Flavell, 1979）が，このような説明を聞いても，よくわからないであろう。しかし，メタ認知は，普段の生活の中でよく行われている。例えば試験を受けた後，「今日の試験は良くできた」とか，「あの問題で間違えてしまった」などもメタ認知の1つである。

　近年，このようなメタ認知が学習や記憶等の認知全般に与える影響が重視され始めている。ここでは，メタ認知に関して紹介する。

（1）　メタ認知の定義と分類

　ダンロスキーとメトカルフェ（2009）は，メタ認知には**メタ認知的知識**，**メタ認知的モニタリング**，**メタ認知的コントロール**の3つの側面があり，次頁表5-2に示すようにメタ認知に関する概念の定義した。

　フラベルはメタ認知的知識について，人間の認知特性についての知識，課題についての知識（課題の性質が認知活動に及ぼす影響についての知識），方略についての知識（目的に応じた効果的な方略の使用についての知識）の3つに分類した（Flavell, 1987）。人間の認知特性についての知識とは，自分自身の認知特性についての知識，個人間の認知特性の比較に基づく知識，一般的な認知特性についての知識がある。

3 メタ認知

表5-2 メタ認知に関する重要な概念の定義

概念	定義	例
認知	象徴的な心的活動と心的表象	学習，問題解決，推論，記憶
メタ認知	ほかの認知についての認知	
メタ認知的知識	ある種の認知についての知識	・学習がどのように機能するかについての知識 ・学習を改善する方法についての知識
メタ認知的モニタリング	認知活動の現在の状態を査定すること	・問題の正しい解決に近づいているかどうかを判断する ・読んでいることをどれほどよく理解しているかを査定する
メタ認知的コントロール	認知活動のある側面を調整すること	・難しい問題を解くのに新しい方策をつかうことに決める ・雑学的知識問題の答えを思いだそうとさらに時間をかけることにする

(2) メタ認知的研究の課題

メタ認知研究を行うには，乗り越えなければならないいくつかの課題がある。ここでは，その課題を紹介する。

まず1つは，メタ認知と認知を区別する必要があることである。メタ認知と認知を完全に切り離すことは難しいが，メタ認知の特徴としては，認知の対象が外界の情報だけでなく，自分や他者の認知であること，認知そのものの改善につながることなどが挙げられる。2つめは，メタ認知的知識とメタ認知モニタリングとの関係，メタ認知的モニタリングとメタ認知的コントロールとの関係を明らかにすることである。3つめは，無意識的な知識や活動をメタ認知とみなすのか，つまりメタ認知と意識の関係である。最後に，メタ認知は通常の認知よりもさらに観測することが難しいものであるため，どのように測定するのかという問題もある。

第5章　認知（思考と言語）

コラム：頭が良いとはどういうことか？＊＊＊＊＊＊＊＊＊＊＊＊＊＊＊＊

　「もっと頭の良い人になりたい」。みんな1度は考えたことがあるだろう。筆者も子どもの頃から、40を過ぎた今でも常に思っていることである。しかし、子どもの頃に思っていた"頭の良さ"と今考える"頭の良さ"は全く違う。一体、"頭が良い"ということはどういうことなのだろうか？

　その答えを具体的に考えようとすると、いろいろ出てくる。「他の人より優れた記憶力を持っていること」「あまり勉強をしなくても、テストの点が良いこと」「たくさんの知識を持っていること」「難しい問題をさくさく解けること」etc……。どれも間違った答えではないが、必要十分な解答であるとは思えない。

　"頭の良さ"に関与しているものは、この章で説明した"言語"、"思考"、"メタ認知"この3つ能力をバランスよく持っていることではないだろうか？　そして、もう1つ大事なことは、難しいと思っても自分で考える努力をやめないこと、この2つのことではないだろうか。

　日本の子ども達は、決まりきった手続きを適用して解く計算問題や選択肢から正答を選ぶような問題の正答率は高いが、正確な概念的理解を必要とする記述式の問題では、まったく答えを書かない者の割合（無答率）が高く、正答率も高くないことが示されている。

　このような学力低下の質的な側面が一番の問題ではないだろうか。努力して、いくら知識を増やしてもそれを自分なりに使えなければ、決して"頭の良い"人ではない。本当の意味で"頭の良い"人間が今、求められているのではないだろうか。

【設問】　第5章

1）言語を理解するということはどういうことであろうか？　言語処理の過程や失語症などの症例を用いて考えてみよう。
2）言語と思考にはどのような関係があるのか、自分なり説明してみよう。
3）人が推論を行う際に犯しやすい過ち（エラー）の具体例を挙げ、そのエラーが何故起こるのか説明してみよう。
4）問題解決の過程を、具体例を挙げながら説明してみよう。
5）メタ認知が記憶や学習などにどのような影響を考えるか、考えてみよう。

第6章
感 情

　あなたは今どのような気分だろうか？　心理学を勉強しようとわくわくして楽しい気分だろうか。それとも，今から授業だなと気分が沈んでいるのだろうか。

　感情は，自分が現在の状況をどのように捉えているのかを知らせるシグナルである。自分の周りで起こったことに対して様々な気持ちが沸き起こり，汗をかくなどのように体に生理的な変化があったり，うつむくなどのような行動がみられたりする。

　本章では，感情について3つの質問を提示する。①感情は何種類あるのか，②悲しいから涙が出るのか，③笑顔は世界共通か。テキストを読む前に一度考えて欲しい。そして，テキストを読み，感情に関する様々な研究から答えを探して欲しい。

（野畑　友恵）

第6章　感情

1　感情は何種類あるのか：感情の分類

　私達が日々経験する感情には，たくさんの種類が存在する。ダマシオ（Damasio, 1994）は感情を2つに分類し，生得的に備わっている感情を一次感情，学習によって備わった感情を二次感情とした。

（1）　生得的に備わっている感情：一次感情

　一次感情は生得的に備わっていると考えられている。例えば，ヘビを見た時，恐怖を感じるだろう。たとえヘビであると認識できなくても，細長いものがすっと横切った気がして，どきっ！，とすることもあるだろう。このように，対象の認識が不完全であっても，対象が持つ物理的特徴（大きさ，広がり，動き方，音）や，対象によって受けた身体的特徴（痛み）が知覚されると，ある種の感情は生まれるのである。

　このような感情は，**基本的情動**と呼ばれ，次頁図6-1に示したように8種類にまとめられている（Plutchik, 1981）。またこれらの感情は円形に配置され，隣り合う感情を混ぜ合わせると，複合感情が表現できる（次頁図6-2）。例えば，喜びと受容が混ざると「愛」という感情が形成される。さらに基本的情動は，奥行きのある立体的なモデルを示し，感情の強さによってさらに細かく感情を表現する。例えば，悲嘆はやや弱い感情になると「悲しみ」に，そしてさらに弱くなると「もの悲しさ」となり，さらに弱くなっていくと各感情同士は1つにまとまっていき，「区別できなくなる」ことを示している。

（2）　学習によって備わった感情：二次感情

　二次感情は，学習によって備わると考えられている。具体的には，困惑，罪，誇り，自尊心，嫉妬が該当する。

　二次感情は，自己意識と認知能力の獲得が必要である（Lewis, 2000）。その

2　悲しいから涙が出るのか：感情と生理的・身体的な反応の関係

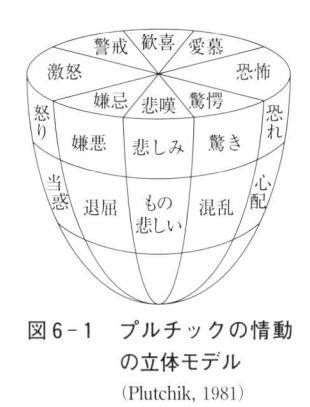

図6-1　プルチックの情動の立体モデル
(Plutchik, 1981)

図6-2　プルチックの基本的情動の円環的配置と混合型の情動
(Plutchik, 1981)

ため，二次感情は自己意識感情とも呼ばれる。自己意識とは，自分自身を客観的に認識することであり，自分と他者を異なる存在として区別できるようになる。自己意識はおよそ1歳半頃に獲得される。また，認知能力とは，自己を評価するための基準を持つことができることである。自己意識が獲得されると，自分の行動を客観的に振り返ることができるようになる。さらに認知能力が獲得されると，目標を設定することができるようになる。従って，自分が立てた目標を達成できず失敗した場合には，恥の気持ちが生まれ，目標を達成して成功した場合には，自尊心が高まるなどのように感情が生まれることになる。このように，二次感情は生まれつき備わっている感情ではなく，自己意識や認知能力の発達が進んだ2歳以降に現れてくる感情である。

2　悲しいから涙が出るのか：感情と生理的・身体的な反応の関係

　感情が沸き起こる時には，生理的・身体的な体の変化も起きている。例えば，怒りが生じている時は心拍数が上がりドキドキするし，深い悲しみを感じている時には涙が出る。このような感情と生理的・身体的な変化が起こる仕組みや，その関係について代表的な3つの感情生起理論（次頁図6-3）を紹介する。

第 6 章　感情

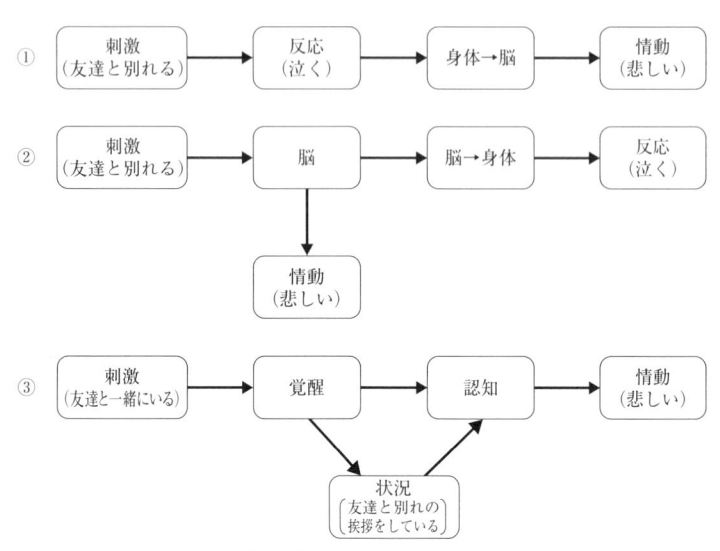

```
① 刺激(友達と別れる) → 反応(泣く) → 身体→脳 → 情動(悲しい)

② 刺激(友達と別れる) → 脳 → 脳→身体 → 反応(泣く)
                       ↓
                     情動(悲しい)

③ 刺激(友達と一緒にいる) → 覚醒 → 認知 → 情動(悲しい)
                            ↓    ↑
                          状況(友達と別れの挨拶をしている)
```

図 6-3　主な情動理論（LeDoux, 1998を改変）
①末梢起源説，②中枢起源説，③情動の二要因説

（1）　末梢起源説

　1つは，**末梢起源説**の考え方である（James, 1884）。この理論の特徴は，感情刺激によって生じた生理的・身体的変化を，知覚することによって感情が生まれるという点である。例えば，引っ越しをするために友達と別れの挨拶をしたとする。「友達との別れ」という出来事が感情刺激である。この刺激によって涙が出て，その身体的変化を感じることによって悲しい感情が沸いてきたと考える。

　感情が生まれるまでの仕組みを，脳の働きと関連づけて説明する。まず，感情刺激の情報（例：友達との別れ）は脳へ伝わる。脳では，生理的・身体的反応を引き起こす（例：涙を流す）ように命令を出し，反応が起こる。そのような体の反応を脳が感じ取り，知覚した身体反応の情報を元に感情（例：悲しい）が生じる。

　「末梢」とは，物事の「先端」「端っこ」という意味である。人間の思考や反

応をコントロールする脳が人間の行動の司令塔だと考えると，その指令を受けて反応する身体は末梢部分となる。末梢部分の身体反応を元に感情が沸き起こるため，この考えは末梢起源説と呼ばれている。

（2） 中枢起源説

2つめは，**中枢起源説**の考え方である（Cannon, 1927）。この理論の特徴は，感情体験と生理的・身体的変化はそれぞれ別々に脳から指令を受けて生じるという点である。先の例を用いると，「友達との別れ」という出来事の感情刺激によって，涙が出るといった生理的・身体的変化と悲しい感情がそれぞれ別々の経路で引き起こされる。

感情が生まれるまでの仕組みを脳の働きと関連づけて説明する。まず，感情刺激の情報は脳に伝わる。脳の中では，生理的・身体反応を引き起こす指令を出す脳の部位と，感情を引き起こす指令を出す脳の部位へそれぞれ感情刺激の情報が伝達され，生理的・身体的反応と感情が引き起こされる。

「中枢」とは，物事の「要」という意味である。脳は人間の司令塔であり，人間の情報処理の要である。中枢機関である脳から直接指令を受けて感情が沸き起こるため，この考えは中枢起源説と呼ばれている。

（3） 情動二要因説

3つめは，**情動二要因説**の考え方である（Schachter & Singer, 1962）。この仕組みの特徴は，感情が生まれるには感情を生じさせる刺激で引き起こされた生理的・身体的反応だけでなく，生理的・身体的変化が生じた場面がどのような状況なのかを解釈する過程が想定されていることである。先の例を用いると，「友達との別れ」という出来事の感情刺激によって，涙が出るといった生理的・身体的反応が起こる。その時，何故そのような生理的・身体的反応が生じたのか，理由を求めて状況を分析する。分析した結果，涙が出たのは友達と別れようとしている状況だからだと認知し，悲しい感情が引き起こされる。

感情が生まれるまでの仕組みを，脳の働きと関連づけて説明する。まず，感情刺激の情報は脳へ伝わる。脳では，生理的・身体的反応を引き起こすように

命令を出し，反応が起こる。その時，生理的・身体的反応が生じた理由を分析し，認知された状況にあった感情が生じる。

「二要因」とは，「物事が生じる原因が2つある」という意味である。感情が生じるには，生理的な反応とその反応が起こった状況の認知の2つによってもたらされることから，この考えは情動二要因説と呼ばれている。

3 笑顔は世界共通か：感情表出行動

感情が生じると，それを人は体を使って表現することもある。例えば，嬉しさのあまり奇声をあげたり，落ち込んで下を向いて歩いてしまったりする。これらを感情表出行動といい，先の例は，発声や姿勢の変化が生じた場合である。このほかもっともよく用いられる感情表出行動として，表情がある。

（1） 文化の違いと表情

表情は，対人コミュニケーションにおいてもとても重要な要素である。とりわけ言語の異なる国の人々と接する際には，言葉が通じないため，言葉を介さず自分の今の気持ちを伝える手段として，表情は有効だと思われる。では，表情が示す感情の理解はどの国でも同じように行われるのだろうか。

エクマンとフリーセン（Ekman & Friesen, 1971）は，西洋と接点のないニューギニアの住民に対し，様々な表情をした西洋人の顔写真を見せ，それぞれの顔がどのような感情を示しているのかについて回答させた。その結果，幸福，嫌悪，驚き，悲しみ，怒り，恐れの6種類の基本的感情を表す表情は，高い割合で正しく判断された。このことから，表情は文化を越えて共通して表現されるものだと考えられる。

（2） 無表情と感情

　表情は，目を吊り上げたり，口をとがらせたり，顔の構成要素である目，口，眉などを動かして顔のつくりを変え，感情状態を他者に伝える手段である。では，顔の構成要素を動かさない状態である無表情は，感情を持たない状態であるといえるのだろうか。

　シャーとレビー（Shah & Lewis, 2003）は，無表情に加え様々な表情について，どのような感情を表しているのか，快–不快とその強さ（強度）の2次元で構成される座標上に配置する課題を行った。もし無表情が感情情報を持っていないのであれば，写真は2次元が交差するゼロ座標の位置に付置されると予想される。実験の結果，無表情写真は快–不快の次元では，ゼロ座標からいずれかの方向へ分布し，強度の次元は弱い方向へ付置された。つまり，無表情は感情情報を持っていない状態ではなく，何らかの感情情報を発信していると認知されていた。

　このような結果は，表情が単に感情状態を発信しているだけでなく，その表情によって表情を向けられた人（読み取る人）に対する評価を示しているからではないかと思われる。コミュニケーションをしている相手の表情が無表情（感情を持たない）という認知は，自分の話が面白くないのではないか，自分の話を聞いていないのではないかと考え，自分に対するネガティブな印象を推察する。その結果，相手の無表情に退屈という感情情報を付加してしまう。表情がある場合は，表情自体が示す感情とその表情を向けられた人の評価の方向性は，多くの場合一致するため問題になりにくい。例えば，相手が笑っていれば（ポジティブ方向の感情），自分との会話を楽しんでいる（ポジティブな評価）と解釈する。一方，無表情の場合は一致しない。例えば，相手無表情であれば（ポジティブでもネガティブでもない感情），自分との会話に退屈している（ネガティブな評価）と解釈する。このように考えると，表情認知は表情が持つ感情情報と表情を向けられた人に対する評価の2つの要素が絡み合った結果といえるのかもしれない。

第6章　感情

コラム：忘れたい出来事・忘れたくない出来事　＊＊＊＊＊＊＊＊＊＊＊＊＊＊＊

　　感情は記憶を促したり，抑制したりする原因の1つである。私達は，楽しい出来事は覚えておきたいが，辛い出来事は忘れたいものである。このような願いは叶うのだろうか。

　　どのような感情を喚起した出来事が記憶に残りやすいのだろうか。野畑・越智（2005）は，感情を喚起する写真を提示し，その写真の記憶について検討した。写真は，2つの次元から選ばれた。1つは快・不快感情であり，もう1つは覚醒度（ドキドキしたり興奮したりする程度：高・低）であった。写真は，この2つの次元の組み合わせで快・高覚醒（例：歓喜，楽しい），快・低覚醒（例：穏やか，安堵），不快・高覚醒（例：嫌悪，恐怖），不快・低覚醒（例：倦怠，退屈）の4つに分類された。実験参加者に写真を1枚ずつ提示し，その後，覚えている写真について言葉で記述させたところ，快・低覚醒写真と不快・高覚醒写真が他のタイプの写真よりもよく記憶されていた。従って，この研究から推察すると，楽しい出来事は忘れられやすく，辛い出来事はよく覚えているという結論が導かれる。これは，残念ながら私達が望むこととは反対である。

　　しかし，自分がこれまで経験した出来事を思い出させ，その内容を分析している自伝的記憶研究をみると，快な出来事が不快な出来事よりも多く思い出されるという報告は多い。これは，私達の経験する日常は，感情以外にも多くのことが記憶に影響しているからである。例えば，どれくらいその出来事を人に話したのかというリハーサルの回数や，その出来事の写真を持っているなどの記録の有無などである。このように，感情は記憶を促進したり，抑制したりする要因の1つであったとしても，それ以外の要因で記憶を促したり，逆をいえば抑制することも可能であると考えられる。

　　感情的な出来事の記憶でもトラウマ記憶のような不快出来事の記憶は，忘れることができず，生活に支障をきたすことがある。いったん記憶されたあと，その記憶とどのように付き合っていくのかはとても重要なテーマである。

3　笑顔は世界共通か：感情表出行動

【設問】　第6章
1）　本章の最初に提示した3つの質問の回答をまとめてみよう。
2）　感情が生じる脳のメカニズムについて，調べてみよう。
3）　感情は人間にとってどのような働きがあるのか考えてみよう。

第7章
発達
（乳児期〜児童期）

　本書の多くの章では，知覚，学習，記憶，感情，自己，社会など様々な心理機能について取り上げている。

　本章では，これらの機能の発達的変化，すなわち時間の流れに沿った**時系列的変化**について，特に**発達**の前半部分に焦点をあてて辿っていくことにする。従って，**乳児期**の赤ちゃんがどの程度知覚の働きが備わっているのか，**幼児期**の子ども達がどのような感情表現をしているのか，**児童期**の子ども達がどのように友達と関わっているのか等，他の知覚・感情・社会等の章との関連が深いといえる。

　このような流れから，それぞれの発達時期について，主に環境や人とのやりとりの観点からみていくことにする。また，乳児期から幼児期，幼児期から児童期，児童期から思春期への各段階間の移行期については，各節の冒頭や末尾で紹介し，発達過程の連続性も示すようにした。

　このような子ども達の成長の姿を心理学から考えていきたい。

（坪井　寿子）

第7章　発達（乳児期～児童期）

1　発達の初期段階

（1）　ヒトらしさが表れる発達のメカニズム

　発達の初期段階について，発達の全体像を捉えるところから始めていく。

1）　長い期間を通した発達

　発達とは，一般には子どもから大人になる変化を指すが，最近では「**受精の瞬間から死に至るまでの人間の一生の変化**」と**生涯発達心理学**として捉えることが一般的である。本章で紹介する発達の前半期は，その人の一生涯を考えていく上で，その影響力は大きい。

　ヒトは様々な心理的機能が高度に発達している一方，生まれた時の状態は非常に未熟である。そのため，様々な支援が必要となるが，このことがヒトの発達の大きな特徴の1つといえる。

2）　行動の形成

　私達は様々な行動を形成しているが，これには生まれつき備わっている**生得的行動**と，生まれてからの様々な経験により形成される**習得的行動**がある。生得的行動は特別な学習を必要としないので効率はよいが，環境が変化した場合には対処しにくい。それに対し，習得的行動は，習得には学習が必要になるので効率は良くないものの環境が変化しても対処できるので，長期的には適応的であるといえる。他の生物に比べると，ヒトは後者の割合が大きい。

3）　遺伝と環境との相互作用

　一人の子どもがどのような大人になっていくのか，これについては**遺伝**と**環境**から考えていくことになる。以前は，「遺伝か環境か」どちらが重要かと議論されてきたが，今日では遺伝も環境もともに**相互作用**しながら発達していくという考えになった。例えば，子ども達が個々に備わっている気質的なものと様々な環境との相互作用について多様なところから見ることができる。この場合にも，周りの支援を受けながら様々な経験を通して成長していくという，上

1　発達の初期段階

項で述べたヒトの発達の特徴が表われてくるといえる。

（2）環境とのやりとりを展開する乳児期の子ども

ここから具体的に，発達の初期段階の子ども達の様子について紹介していく。まず，環境とのやりとりについてみていくが，環境というと様々なものが含まれるが，ここでは主に認知の働きから環境とのやりとりを扱う。

1）乳児期の特徴

乳児期の子どもである赤ちゃんの特徴について，環境との相互作用という観点からみていく。赤ちゃんは言葉を話すことができなくても，自分の周りの物や人（自己・他者）に対して積極的に関わっている。一方，環境への働きかけということであれば，運動機能は未発達なところがあるが，**模倣**や**リーチング**などもみられる。

2）認知機能の発達

ピアジェ（Piaget, J.）の発達段階によれば，乳児期は**感覚・運動期**と位置づけることができる。この時期の認知機能の特徴として「**対象の永続性**」が挙げられる。これは，私達は物が目の前から見えなくても，その物は存在し続けると認識するが，概ね4か月以前の赤ちゃんは目の前から見えなくなったら，存在しないと認識している。

3）感覚・知覚の発達

赤ちゃんの**視覚**について，視力は不十分でも生まれて間もない頃から，様々なものを見ている。例えば，2～3か月の赤ちゃんでも単純なパターン図形よりも複雑なパターン図形をより長く**注視**し，複雑なパターンにおいては，人の顔に対しての注視時間が長く興味を示していることが分かる（Fantz, 1961）（図7-1）。他の諸感覚も早い段階から備わっている。**聴覚**の働きは，生後1～2週間ほどで，音の大小や高低の

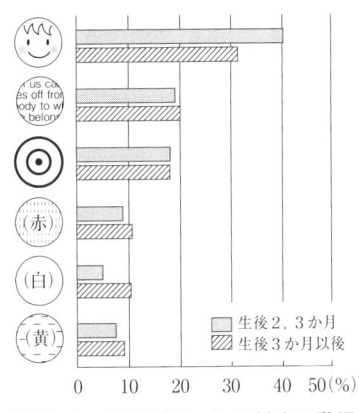

図7-1　図形パターンに対する乳児の注視率 (繁多, 1999より作成)

第7章　発達（乳児期〜児童期）

区別が可能とされている。**嗅覚**の働きは，その初期の発達段階である生後1〜3日で4種類の臭いを区別でき，特に刺激臭や腐敗臭には敏感であり，母親の匂いに対しても敏感である。**味覚**の働きは，発達の早い段階で甘味を好む。**触覚**の働きは，発達の初期の段階において，足の裏や口元が特に敏感である。

さらには，**感覚間協応**といって，音をする方向を見るなど，感覚間（ここでは視覚と聴覚）で協応される現象も見られる。

（3）　人とのやりとりを展開する乳児期の子ども

人とのやりとりをする場合，他者のことばかりではなく，自分についても目を向けることが求められる。

1）　他者との絆

愛着とは，情緒的な絆を指す。養育者と子どもとのやりとりの様子を見ていると，子どもには生得的な行動パターンの部分も見られるが，相互作用の経験から，愛着が成立していくと考えることができる。愛着の成立の測定方法には

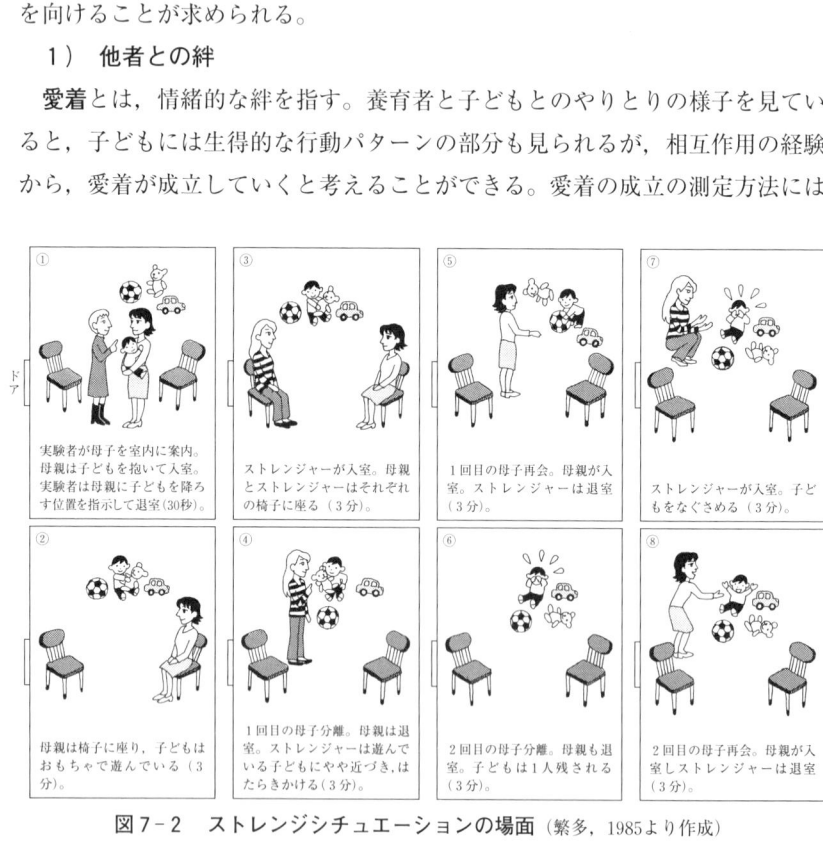

①　実験者が母子を室内に案内。母親は子どもを抱いて入室。実験者は母親に子どもを降ろす位置を指示して退室（30秒）。

②　母親は椅子に座り，子どもはおもちゃで遊んでいる（3分）。

③　ストレンジャーが入室。母親とストレンジャーはそれぞれの椅子に座る（3分）。

④　1回目の母子分離。母親は退室。ストレンジャーは遊んでいる子どもにやや近づき，はたらきかける（3分）。

⑤　1回目の母子再会。母親が入室。ストレンジャーは退室（3分）。

⑥　2回目の母子分離。母親も退室。子どもは1人残される（3分）。

⑦　ストレンジャーが入室。子どもをなぐさめる（3分）。

⑧　2回目の母子再会。母親が入室しストレンジャーは退室（3分）。

図7-2　ストレンジシチュエーションの場面（繁多，1985より作成）

1 発達の初期段階

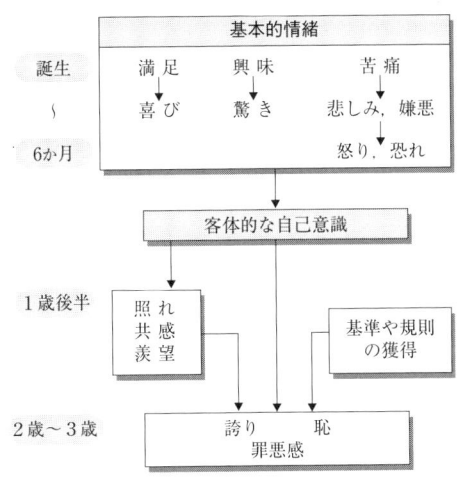

```
            ┌──────────────────────────────┐
            │         基本的情緒            │
   誕生      │  満足   興味    苦痛          │
            │  喜び   驚き    悲しみ,嫌悪   │
    〜       │                怒り,恐れ     │
   6か月     └──────────────────────────────┘
                         │
                         ▼
            ┌──────────────────────────────┐
            │       客体的な自己意識        │
            └──────────────────────────────┘
                  │                    
   1歳後半    ┌───────┐          ┌──────────┐
            │ 照れ   │          │ 基準や規則│
            │ 共感   │          │ の獲得   │
            │ 羨望   │          └──────────┘
            └───────┘                │
                  │                   │
   2歳〜3歳   ┌─────────────────────────┐
            │    誇り    恥            │
            │      罪悪感              │
            └─────────────────────────┘
```

図7-3　生後3年間の情緒の発達 (繁多, 1999より作成)

ストレンジ・シチュエーション法が代表的である（Ainsworth, M. D. S. & Bell, S. M. 1970）（前頁図7-2）。この方法は，養育者との分離場面と再会場面での子どもの反応から，どのような不安や回復がみられるかを捉えることで，愛着の成立の様相を捉えていくものである。これには文化による違いもみられる。

2）情緒の発生

赤ちゃんは様々な**情緒**が芽生える時期でもある。**ブリッジズ**（Bridges, K. M. B.）は，生後間もない赤ちゃんは，「**興奮状態**」のような単純な情緒のみとしている。しかし，最近では新生児の時期でも少なくとも快，不快，興味の3種類があることが示されている。喜びによる**快感情**，怒りや恐れによる**不快感情**がある。その後もかなり早い段階で（8か月頃までには），基本的な情緒（喜び，怒り，恐れ，悲しみ，驚き）が揃うとされている。やがて**ルイス**（Lewis, M.）による自己意識的情動へと進んでいく（図7-3）。快感情からは，喜び，得意，愛へと，不快感情からは，怒り，嫌悪，恐れなどが発展していく。

3）自己内のやりとり

自己の捉え方は，その後の発達に大きな影響をもたらす。これについては，**ギャラップ**（Gallup, G. G.）が**鏡映像**の**自己認知**を用いて系統発生的に調べて

いる（Gallup, G. G. 1970)。ヒトの赤ちゃんに対しても同様なことが調べられている。そこでは赤ちゃんに気づかれないように，例えばおでこに紅をつけた後，鏡に映った**自己像**を見せる。その際，自己認識がまだ不十分な場合は，鏡の像を自己とは捉えずに，鏡に対して働きかけることが多い。それに対し，自己認識が備わると，鏡の像を自己と捉え，自身の顔に対して働きかけるようになる。このような反応は，1歳半から2歳頃でみられる。

2　幼児期

（1）　乳児期から幼児期へ

乳児期から幼児期にかけてみられる大きな変化は，歩行などの運動機能の発達による活動の拡大化と**表象機能**の成立による言葉の発達である。それにより，表象機能が成立し，ごっこ**遊び**も可能になる。思考の発達もピアジェ（Piaget,J.）によれば，**前操作期**の段階になる。

（2）　環境とのやりとりを展開する幼児期の子ども

1）　空間のとらえ方

幼児期の子ども達は，3次元空間の中で生き生きと遊び，生活をしているが，どのようにして空間を捉えているのだろうか。ピアジェによる**三つ山課題**がある（次頁図7-4）。文字通り山が3つある模型が用意され，自分が位置していない場所からの視点を捉えることが可能かを調べる。幼児期の子どもは，自分の視点に基づいた判断をするとされているが，児童期に入ると，自分の視点と他者の視点とを区別できるようになる。このように，三つ山課題とは見る方向が異なれば，ものの見え方も変わるという理解に関する課題である。つまり，自分の見え方（知覚）と他者の見え方（知覚）とが異なり，**他者視点**の理解は他者の感情理解とも関連し，次項でも取り上げる。

2 幼児期

2） 生き物の捉え方

　幼児期の子ども達は，物理的な事物とは異なる様々な生物を，どのようにして生き物として捉えているのだろうか。生き物の捉え方の一例として，病気にかかりやすさの判断から，幼児の生き物の捉え方における生物現象と心理現象との区別の仕方をみていく（波多野・稲垣，1997）。例えば，次の2人の男の子の場合を考えてみる。1人は友達にやさしくするが，食事を少ししか食べていない（図7-5）。もう1人は友達に乱暴なことをするが，食事はたくさん食べる。どちらの子どもが，風邪をひきやすいか（あるいは，どちらの子どもと遊んだ時に風邪をうつされやすいか）を尋ねる。風邪を引きやすいかどうか，あるいは風邪をうつされやすいかは，心理的要因よりも生物的

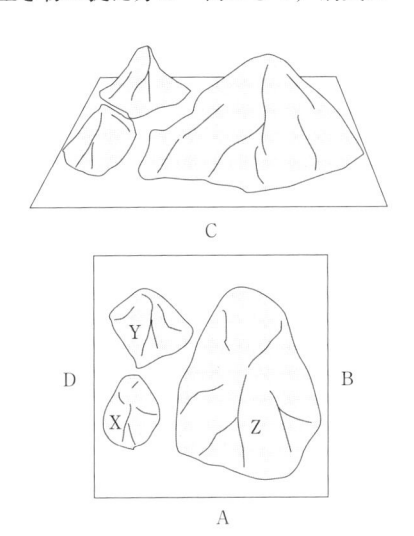

図7-4　ピアジェの3つ山問題
（子安，2005より作成）

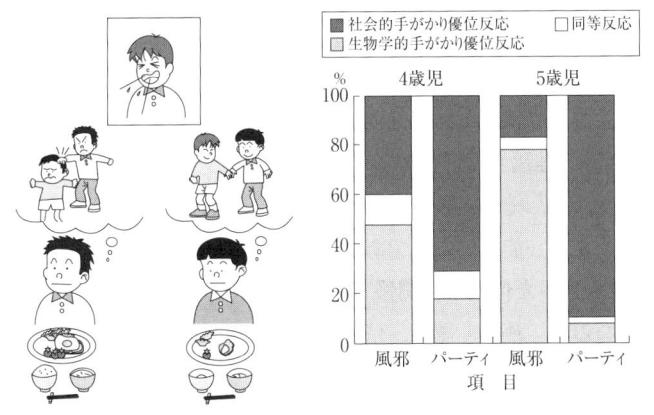

図7-5　子どもの生物的要因と心理的要因の捉え方 （稲垣・波多野，1997より作成）

要因によるが，このことを幼児期の子ども達がどの程度理解しているのかが問題となる。

3） 出来事の捉え方

幼児期の子どもにおける出来事の捉え方については，3歳くらいの子どもが語る過去の体験はかなり断片的であるが，5歳くらいになると「いつ」「どこで」といった文脈を含むエピソードができるようになる。これには，自己認識のような認知的な要因の他に，言語的要因や社会的要因など様々な要因の発達が関係している。

特に，母親等の身近な大人との会話の仕方が重要になってくる。例えば，いろいろな場面に関する会話を次々と変えていくよりも，1つのテーマのについて様々な側面から深めていくような会話の方が，その後の出来事に関する理解が促進されることが示されている。

（3） 人とのやりとりを展開する幼児期の子ども

1） 他者の感情理解

自分の見え方とは異なる他者の見え方を捉えることができることを**視点取得**と言う。この視点取得については，前項で紹介した知覚的理解に関するものの他に，他者の感情や思考の理解に関する視点取得もある。例えば，「お葬式の時に笑顔をみせない」「期待はずれのプレゼントをもらっても不快感を示さない」等がある。さらに，他者が何を考えているかに関するもので，他者の思考，判断，意図，動機など，認知内容の理解に関する視点取得もある。これについては，「**心の理論**」と呼ばれる考え方が関連している。心の理論とは，人の行動の背後には，その人の心の状態があることに気づき，理解する能力，いわば，人の心をよむ能力のことである。

2） 遊びを通した仲間との関係

幼児期になると，運動，認知，情緒，社会性など様々な心理機能の発達により，**遊び**が活発化する。その結果，友だちとのやりとりも積極的になる。その一方で，まだ自己中心的なやりとりから，いざこざも生じてくる。いざこざを通して上述の視点取得の理解も成長することから，他者との**葛藤体験**を伴うい

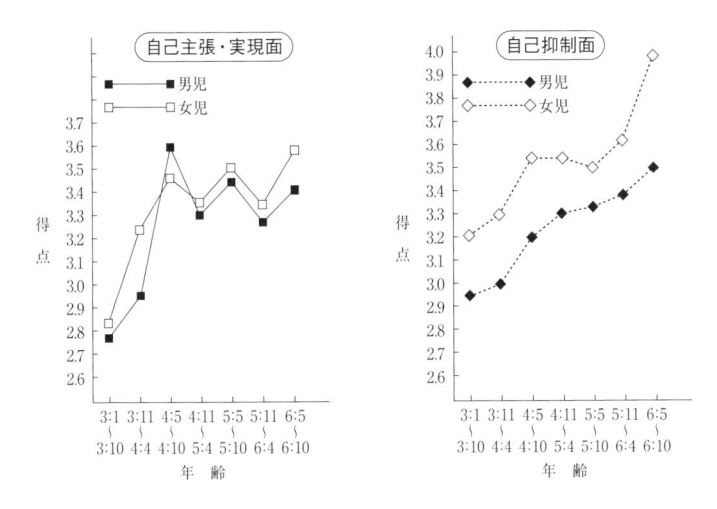

図7-6　2つの自己制御機能の発達 (繁多, 1999より作成)

ざこざの経験も，むしろ発達過程において必要なものといえる。

3）自己とのかかわり

　幼児期になると，他者とのやりとりを通して自分自身の振る舞いを調整，すなわち，何らかの形で自己制御していくようになる。柏木（1983）では，この**自己制御**について，幼児期の発達について検討している（**図7-6**）。自己制御には，**自己主張**と**自己抑制**とがある。双方とも年齢とともに上昇するが，性差においてはそれぞれ特徴がみられる。前者は男女ともに年齢によって発達するが，後者は年長になるにつれて，女児の方が著しく発達する。

3　児童期

（1）幼児期から児童期へ

　幼児期から児童期にかけての大きな環境の変化は，学校に行って様々なことを学び，仲間と関わることである。**学校生活**において，学習活動に関する場面

第7章　発達（乳児期〜児童期）

> めぐみさんはゲームソフトを4本持っていました。お母さんから誕生日プレゼントとしてゲームソフトを3本もらいました。めぐみさんは，今ゲームソフトを7本持っています。

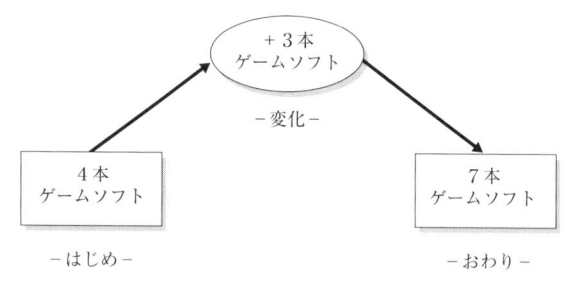

図7-7　算数の問題解決における内的過程（市川, 2010より作成）

が主なものであるが，友人との関係を始めとする社会生活場面の影響も大きい。本節でも学校生活を中心に児童期の子ども達の様子を紹介していく。

（2）環境とのやりとりを展開する児童期の子ども

1）学習活動と認知発達

ピアジェによれば，児童期の子どもは**具体的操作期**であり，具体的なものがあれば，**論理的思考**が備わるようになる。そのような中で，学習内容がより抽象的になり難しくなっていく。例えば算数の文章題について，簡単な足し算の課題であっても，いくつかのプロセスから成り立っており，どこの部分でつまずいているのかを把握することから学習支援が始まることになる（図7-7）。

2）メタ認知の働き

児童期の子ども達は，学校で様々なことを学び，これまでの時期に比べ多くの知識を獲得していく。それに伴い，自分で学習している知識内容を客観的に捉えることも必要になってくる。このような中で，**メタ認知**とは，自分自身で学習活動を理解・調整する働きであり，これも児童期の子どもにおける学習過程では大切なものとなる。

3）動機づけの役割

学習活動を展開していく上で，**意欲・やる気・動機づけ**の問題も欠かせな

い。動機づけには，**外発的動機づけ**と**内発的動機づけ**がある。外発的動機づけは学習のエネルギー源がご褒美などの外的なものであり，内発的動機づけは学習活動そのものがエネルギー源となる。後者による学習が期待されるが，日本の小中学生では学年が上がるにつれ，この内発的動機づけが減少する傾向にある（図7-8）。これは，自己を客観的に捉えることが可能となるなどの認知的要因も影響している。

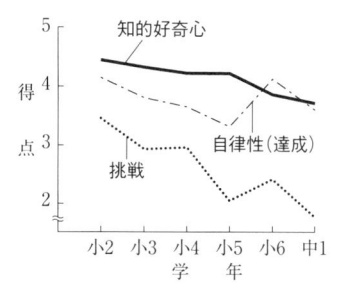

図7-8 内発的動機づけの下位項目の発達的変化
（多鹿，2001より作成）

（3） 人とのやりとりを展開する児童期の子ども

1） 学級集団における人間関係

児童期になると，仲間の影響力がより大きくなる。特に，小学校の中学年になると，**ギャング・エイジ**と呼ばれる集団を組むようになる。それまでは，親や教師の言うことが判断の基盤になっていたが，だんだん友達の言うことが基盤となっていくようになる。

2） 社会におけるルールの役割

子ども達の社会生活が成立する前提として，**道徳性**がどのように成立しているのかを考えていく必要がある。道徳性とは，内面化された何らかの規準に照らして行っている判断を指す。

実際の道徳性の発達段階としては，ピアジェによるものが基本的なもので，外的状況に基づく結果論的判断から人物の内的状況による動機論的判断に変化する。より体系だったものでは，**コールバーグ**（Kohlberg,L.）の発達段階があり，これは**慣習**の概念が基本となっている。すなわち，慣習以前の道徳性，慣習的道徳性，慣習を越えた道徳性の3つの段階からなっている。

3） 自己の内面化と適応・不適応

不登校やいじめなど様々な**不適応**な問題を考えていく際には，多様な背景があると考えられるので，内面的なものにも十分配慮していく必要がある（稲村

第7章　発達（乳児期〜児童期）

表7-1　不登校状態の継続理由とその割合

理　由	小学校	中学校
ア．学校生活上の影響	4.7	7.0
イ．遊び・非行	0.9	12.2
ウ．無気力	17.6	20.7
エ．不安など情緒的混乱	32.0	24.7
オ．意図的な拒否	3.5	5.1
カ．複合	30.7	26.0
キ．その他	10.6	4.3

ア．いやがらせをする生徒の存在や，教師との人間関係等，明らかにそれと理解できる学校生活上の影響から登校しない（できない）。
イ．遊ぶためや非行グループに入ったりして登校しない。
ウ．無気力でなんとなく登校しない。登校しないことへの罪悪感が少なく，迎えに行ったり強く催促すると登校するが長続きしない。
エ．登校の意志はあるが，身体の不調を訴え登校できない。漫然とした不安を訴え登校しない等，不安を中心とした情緒的な混乱によって登校しない（できない）。
オ．学校に行く意義を認めず，自分の好きな方向を選んで登校しない。
カ．不登校状態が継続している理由が複合していて，いずれが主であるかを決めがたい。
キ．上記のいずれにも該当しない。
（小嶋・森下，2004より作成）

博（1994）など）（**表7-1**）。例えば不登校の問題に関しては，環境，本人，きっかけなど様々な要因が複雑に作用するが，低学年と高学年とでは異なる。全体的な傾向として，**思春期**になると，ますます子ども達の眼が**内面**に向かっていくことになる。

4　まとめ

　以上，乳児期・幼児期・児童期の子ども達の様子について簡単に概略を追ってきた。特に，環境とのやりとりを展開する子ども達の様相と，人とのやりとりを展開する子ども達の様相とが互いに関連しあいながら，発達していく様子を辿ってきたが，これは次章で取り上げる人生のより後半期の発達過程へとつながっていく。

4 まとめ

コラム：記憶の心理学から子どもの頃を振り返る 「絵本」に関する思い出から ＊＊

　日頃，様々な場面において子どもに接する機会があると，自身の小さな子どもの頃を思い浮かべることは時折みられる。一般に，思い出といわれるものであるが，特に現在の自分にとって影響のある出来事の思い出を記憶の心理学では，**自伝的記憶**という（佐藤　2008）。

　自伝的記憶には様々なものがみられるが，ここでは，絵本との関わりの経験と自伝的記憶との関わりについてみていく。幼少期の子どもにとっての絵本は大きな意味を持つ。絵本とは，その主たる内容が絵で描かれている書籍のことであり，幼児や児童向けの内容であることが多いが，大人が読んでも読み応えのあるものや大人対象の絵本もある。絵本は読み聞かせによって子どもと心の触れ合いを持ったり，子育てをする際の一つのアイディアとして考えることもできる（秋田・増田　2009）。このような絵本に対して，幼少期の子ども達はまだ自由に本を読むことができないので，「**絵本の読み聞かせ**」が行われることも多い。この絵本の読み聞かせについては，コミュニケーション機能・社会性・創造性の発達の効果など様々なものが示されており，幼少の頃に絵本を読んでもらった経験が強く心に残っていることも少なくない。

　主に記憶の心理学から，自伝的記憶と絵本を関連させた研究をいくつかみられるが（金敷・山本　2009，山本・金敷　2010），今後は幼児教育・保育・児童文化などの諸分野からの検討も必要になると思われる。特に，大人になった現在，日々子どもに接している保育者や絵本に接している書籍関係者の絵本に対する自伝的記憶が，現在の絵本に対する捉え方にどのような影響をもたらしているのかは興味深いテーマといえる。

【設問】　第7章
1) まだ言葉の話せない乳児期の子ども達が，周りの環境とのやりとりをどのようにして積極的に行っているのかを考えてみましょう。
2) 幼児期の子ども達の発達の様子から，物理的環境と社会的環境との理解がどのように互いに関連しているのかを考えてみましょう。
3) 児童期の子ども達が楽しく充実した学校生活を送るためには，学習面や生活面でどのような工夫が必要になるか考えてみましょう。

第8章
発達
（青年期〜高齢者）

　誕生してから，私達は多くの能力を獲得する。歩けるようになる，話せるようになる，他者の意図を推測できるようになるなど，枚挙に暇がない。しかし年齢を重ねるにつれて，獲得するものもあれば，喪失するものもある。乳児期のような身体的柔軟性は，大人になるにつれて失われていく。

　ここでは，発達を，そのような時間による変容と捉えていく。変容するのは能力の側面だけではない。役割や他者との関連性も変わっていく。就職や結婚はその一例である。

　この章では，青年期以降の発達について扱っていくが，どのように変容していくのか，そのプロセスと共に，変容の持つ意味についても考えていこう。

〔東海林　麗香〕

第8章　発達（青年期〜高齢者）

1　青年期の発達：アイデンティティの確立

（1）　青年期の発達課題としてのアイデンティティ

　アイデンティティ理論の提唱者として有名な心理学者エリクソン（Erikson, 1959）は，青年期の発達上の課題として，**アイデンティティ**の確立を挙げている。アイデンティティの確立とは，幼児期・児童期における様々な自己のあり方が，青年期において取捨選択され再構成されることによって成立する，「斉一性・連続性を持った私」という状態のことである。つまり，自分が何者であるかを探求し，それを見出すことである。職業等の**進路選択**はアイデンティティを構成する要素の一つであるが，現代では，青年期に選んだ進路が生涯にわたる決定にならないことも多い。しかしながら，それでも多くの青年にとっては，職業等の進路選択がアイデンティティを探求するにあたっての足がかりとなるものであり，社会における自身の位置づけに目を向ける第一歩でもある。アイデンティティが混乱し危機に陥ることもあるが，これは標準的なプロセスであり，必然的な経験である。裏を返せばこの探求の時期は，自己決定の延期を許可されている期間としてみることもできる時期であり，**モラトリアム**と表現される。マーシャ（Marcia, 1966）は，アイデンティティが確立されているか否かの二分法では不十分であるとして，自分のあり方について模索したり，試行錯誤をしたりという「危機の経験」と，その自己のあり方に関わる活動にコミットメントしているかという「傾倒」の2つの側面から，アイデンティティの状態を「アイデンティティ達成」「モラトリアム」「早期完了」「アイデンティティ拡散」の4つに分類している（次頁**表8-1**）。

　ここまでで説明したエリクソンの理論は，1950年代から1960年代に提唱されたものであり，「斉一性・連続性を持った私」といった首尾一貫した自己のありようが現代にもあてはまるかについては考える必要があるだろう。私達の生活の場は多領域化しており，また，価値も多様化してきている。このことか

1　青年期の発達：アイデンティティの確立

表8-1　マーシャの同一性地位

アイデンティティ・ステイタス	危機	傾倒（コミットメント）
アイデンティティ達成	経験した	している
モラトリアム	その最中	しようとしている
早期完了	経験していない	している
アイデンティティ拡散	経験していない	していない
	経験した	していない

（Marcia, 1966より作成）

ら，自己の複数化・断片化・流動化は，エリクソンのいう「アイデンティティの拡散」とは異なる意味を持つかもしれないことが指摘されている（溝上，2008）。

（2）　他者との関係性という視点から：生涯の課題としてのアイデンティティ

アイデンティティに関して近年注目されている事柄として，アイデンティティの発達を，「自律」や「他者からの分離」といった個体化の次元からだけでなく，「関係性」からも捉えていこうという試みがある（岡本，2002）。このような視点からアイデンティティ形成を捉えると，「自己の視点に気づき，他者の視点を内在化すると同時に，そこで生じる両者の視点の食い違いを相互調整によって解決するプロセス」として捉え直すことができる。つまり，他者の意見や期待も考慮したり，相談の相手などとして他者を利用したり，自他の食い違いを解決するなどしながら，人生の重要な選択を決定していくことと考えられるのである。次頁表8-2には，他者との関係性という視点から捉え直したアイデンティティ探求のレベルを示した。

「自律」や「他者からの分離」といった個体化の問題も，そもそも青年期固有の課題ではないが，他者との関係性という視点を入れると，アイデンティティの確立を，生涯にわたる課題として捉え直す意義がさらに明らかになる。次頁表8-3は，成人期のアイデンティティ発達を捉える2つの軸「個としてのアイデンティティ」「関係性に基づくアイデンティティ」を示したものである。青年期により鮮明に課題化される「自分は何者なのか」「自分は何になる

第8章　発達（青年期〜高齢者）

表8-2　アイデンティティ探求における関係性の2つのレベル

レベル	定義
低レベル	このレベルの青年は，重要な人生の選択・決定のプロセスにおいて，自己と他者の視点を認識することができない，あるいは他者の視点を単にコピーしている。探求のプロセスにどのような他者が関与しており，彼らがどのような機能を果たしているのかを十分に理解することができない。
高レベル	このレベルの青年は，重要な人生の選択・決定のプロセスにおいて，自己と他者の視点を認識することができる。また，一部の青年は，両者の視点の間の食い違いを相互調整によって解決することができる。探求のプロセスにどのような他者が関与しており，彼らがどのような機能を果たしているのか理解することができる。

(杉村，2001より作成)

表8-3　成人期のアイデンティティをとらえる2つの軸（岡本，1997より作成）

	個としてのアイデンティティ	関係性にもとづくアイデンティティ
中心的テーマ	自分は何者であるか 自分は何になるのか	自分はだれのために存在するのか 自分は他者の役にたつのか
発達の方向性	積極的な自己実現の達成	他者の成長・自己実現の援助
特徴 （山本，1989による）	1. 分離-個体化の発達 2. 他者の反応や外的統制によらない自律的行動（力の発揮） 3. 他者は自己と同等の不可侵の権利をもった存在	1. 愛着と共感の発達 2. 他者の欲求・願望を感じ取り，その満足を目指す反応的行動（世話・思いやり） 3. 自己と他者は互いの具体的な関係の中に埋没し，拘束され，責任を負う
相互の関連性・影響	①個としてのアイデンティティ→関係性に基づくアイデンティティ ・他者の成長や自己実現への援助ができるためには，個としてのアイデンティティが達成されていることが前提となる ・他者の成長や自己実現への援助ができるためには，常に個としてのアイデンティティも成長・発達し続けていることが重要である ②関係性に基づくアイデンティティ→個としてのアイデンティティ ・他者の役に立つことから体験される自己確信と自信 ・関係性に基づくアイデンティティの達成により，生活や人生の様々な局面に対応できる力，危機対応力，自我の柔軟性・しなやかさが獲得される	

のか」といった問いは個としてアイデンティティに相当するが，以降の発達においては，関係性に基づくアイデンティティとのバランスや統合の重要性がさらに増してくるのである。

2　成人期の発達：他者との親密な関係をつくること，次世代を育成すること

（1）親密な関係をつくるということ

　エリクソンは成人初期の発達課題として，他者との親密な相互的関係を発展させることを挙げている。これには，配偶者等の一生を共にするパートナーとの親密な関係を形成することも含まれる。ところで，夫婦とはそもそも他人であった2人が相互選択によって形成した関係であり，選択によって解消することもできる関係である。結婚によって，男性は「夫」という役割を，女性は「妻」という役割を得ることとなり，生活の場や時間を共有し，経済活動を共に担っていくこととなる。その際には，価値観をすり合わせ，食い違いを調整する必要も出てくるだろう。結婚にはそのような個人レベルの変化だけでなく，双方の原家族や友人関係等，関係レベルの変化も含まれ，個人を中心とした2つのシステムが出会うことによる変化への対応が，新婚期の課題の一つとなる。

　近年では，原家族以外の他者と生活を共にするという時，同棲や事実婚の他に，血縁・性愛関係にない他人と居住生活の共同を行うシェアハウジング（久保田，2009）も選択肢の一つとなってきた。このような居住形態は，学生時代のルームシェアのように「結婚をして自身の家族を持つまでのつかの間の暮らし」と位置づけられてきたが，近年では他者との持続的な共同生活の一つとしても捉えられるようになってきている。

　その後の成人期には，**生成継承性**が発達課題として挙げられている。「生成」には次世代を産み育てること，新しいものの生産・創造が含まれ，それらを世代間で継承していくことがこの時期の課題となる。次世代といっても，自分の子どもだけを指すだけではない。コミュニティの子どもを育てること，職場等の後輩を育てることも次世代を育成することに他ならない。

　子どもを産み育てることに焦点を当ててみると，妊娠期から始まり，子ども

第8章　発達（青年期〜高齢者）

表8-4　わが子をイヤになることからみた生後2年間の母子関係（菅野，2008より作成）

	出生後すぐ	3ヶ月	6ヶ月	9ヶ月	12ヶ月	15ヶ月	18ヶ月	21ヶ月	24ヶ月
イヤになることとして多く語られたこと	なんで泣いているのかわからない	忙しい時に限って泣く	人見知り後追い	いたずらしてはいけないことをする おむつ替えを嫌がる			自己主張・反抗 好き嫌いの主張	言うことを聞かない	
子どもの発達				移動可能に						
母親の子育てのテーマ	子どもとの生活への移行期 わからない 心配・不安⇒慣れてくる⇒関係の構築			→	危険からの回避 しつけ		→	関係の建て直し （子どもの個とどう付き合うか）	

が大人になっても続く長期的な営みといえ，肯定的な側面だけでなく，育児不安や育児ストレスといった困難に出会うこともある。しかし，このような困難はあってはならないものではなく，子育て及び親子関係はポジティブ/ネガティブ双方の側面を持ち合わせたダイナミックなプロセスとして捉えられるようになってきた。**表8-4**では，わが子をイヤになることからみた生後2年間の母子関係の変化が示されている。子どもの誕生から6ヶ月頃までは，子どもとの生活に慣れておらず，わが子といえどもわからないことが多々ある。その後，子どもは自己を主張し始め，反抗するようになる。子どものことがわかり，子どもの発達や親としての自分の発達を喜ばしく思う時期から，「個」としての子どもとぶつかり合い，次頁**図8-1**にあるように，わが子の育ち（個）と自身の子育ての方向性（個）がせめぎあう。また，子育てはわが子と自身のせめぎ合いだけでなく，自身の子育て（個）と子育ての常識（社会）がせめぎあうという重層的なせめぎあいの体験なのであり，このようなぶつかり合い自体が，発達の契機となるのである。

2　成人期の発達：他者との親密な関係をつくること，次世代を育成すること

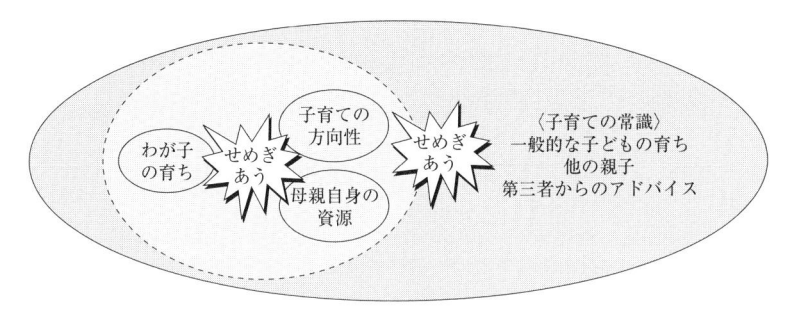

図8-1　乳幼児期の母親の子育てに関するものの見方の構造（菅野ら，2009より作成）

（2）働くということについて

　先に青年期の発達課題としてアイデンティティの確立を挙げたが，仕事がアイデンティティの中心的な位置を占めている人も多いのではないだろうか。

　働くということについて考える時，仕事とプライベートのバランスをどのようにとるかが課題の一つとなる。昨今，ワーク・ライフ・バランスということが提唱され，社会的な注目が集まっている。ワーク・ライフ・バランスについて内閣府（2010）は，「仕事と生活の調和」とし，「国民一人ひとりがやりがいや充実感を持ちながら働き，仕事上の責任を果たすとともに，家庭や地域生活などにおいても，子育て期，中高年期といった人生の各段階に応じて多様な生き方が選択・実現できる」こととしている。仕事と生活の調和を役割の視点からみると，職業役割や家族役割といった多重の役割をどのように調整していくかが課題となる。一方の役割での状況が，他方の役割に持ち込まれることを「**スピルオーバー**」と呼ぶが，複数の役割を引き受けることによって，自己肯定感が向上して自己アイデンティティが安定したり，充実感や生きがいが高まったりする心理的な好循環がポジティブ・スピルオーバーであり，悪循環がネガティブ・スピルオーバーである（小泉・福丸・中山・無藤，2007）。やりがいや充実感を感じながら働き，仕事上の責任を果たす一方で，家庭や地域，趣味や勉強といった個人の時間を楽しめるような健康で豊かな生活ができるよう，働き方や働くことの意味について考えることが今後の課題となるだろう。

第8章 発達（青年期〜高齢者）

表8-5 家族のライフサイクル

	時期	課題
第1段階	新婚期	夫と妻の双方がそれぞれの原家族から，物理的・心理的に離れて，ふたりの世界を創り始めること
第2段階	出産・育児期	子ども誕生に伴う関係性や役割の変化，アイデンティティへの影響に取り組むこと
第3段階	子どもが学童の時期	子どもの自立性と家族への所属感・忠誠心のバランスを取ること。親子間のバランスを維持すること
第4段階	子どもが10代の時期	基本的な信頼関係を損なわずに，親子関係を再規定すること
第5段階	子どもが巣立つ時期	親子の絆を絶つことなく，親と子が分離すること
第6段階	加齢と配偶者の死の時期	これまで築きあげた信頼感を損なうことなく，加齢や配偶者との死といった喪失経験を受容すること

（岡堂，1991より作成）

（3） 家族のライフサイクル

　個人の発達について考える時，家族の発達についても考えることで，理解が一層深まるだろう。個人に発達段階があるように，家族にも発達段階があり，各段階に発達課題がある。表8-5に，岡堂（1991）の6段階からなる家族の発達段階モデルを示した。段階の移行期には家族システムの変化が求められるため，家族にとってストレスがかかりやすい時期である。例えば，第2段階にあたる第一子の誕生の時期については，ベルスキーとケリー（Belsky & Kelly, 1994）がアメリカにおいて，子どもの妊娠から7年間にわたって家族を追跡調査し，子どもの誕生が夫婦に及ぼす影響について調べた。研究の結果，約半数の夫婦が，子どもの誕生によって夫婦関係の質が悪化したと考えていることが明らかになった。とはいえ，このような移行期のストレスは，家族に危機的状況をもたらすのみではなく，成長・成熟の機会としても機能するのである。

3　中年期・高齢期の発達：有限性と向き合うということ

（1）　中高年における心身及び対人関係の変化

　以下では，図8-2の中年期危機の構造（岡本，2002）に従って論を進める。この図は，中年期の人々が体験しやすい自己内外の変化と問題をまとめたものである。図のように，中年期には心理的・身体的・社会的いずれの変化も体験されるが，その多くがネガティブなものであり，その中核となる心理は「有限性の自覚」とされている（岡本，1997）。身体的には，運動能力や体力の

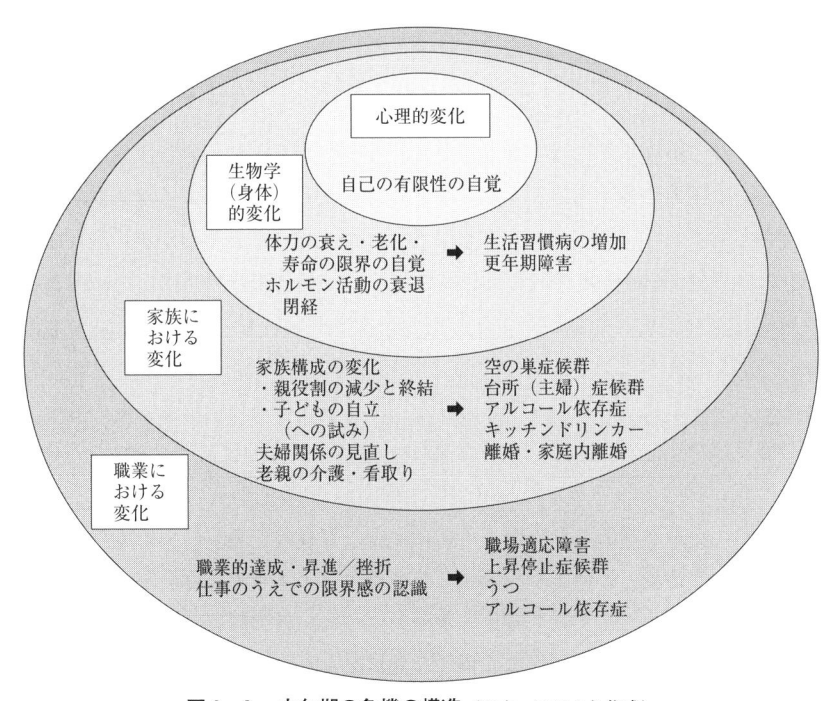

図8-2　中年期の危機の構造（岡本，2002より作成）

第 8 章　発達（青年期〜高齢者）

衰えがみられ，生活習慣病の罹患率も上がる。性的な機能も低下し始め，更年期障害といった変化もみられる。心理機能としても，記憶力等の知的な能力の低下がみられる。

　家族内の関係に関しては，子どもの巣立ちによる空虚感からくる「**空の巣症候群**」，学卒後も生活を親に依存している未婚者である「パラサイト・シングル（山田，1999）」の問題，親や配偶者の介護，熟年離婚など，中高年期に出会う問題は近年様々なものが報告されている。職業等，家族以外の対人関係においても変化がある。職場においては，管理する側にまわる，リストラなどの挫折経験の可能性もあるなど，地位が変動的である。また，高齢期には定年退職という一つの節目を迎えることになる。特に男性にとっては，職業的関係はそれまでの人生における人間関係の大部分を占めるものであり，退職は対人関係の縮小をイメージさせる。しかしながら，退職によって新しい関係を築くなど，これまでの関係性を変容させるようなケースも少なくない。

（2）　サクセスフル・エイジング

　このように中高年期には心身ともに大きな変化がみられ，それが危機として捉えられる側面が多々ある。しかしながら「**サクセスフル・エイジング**」という言葉もあるように，どのようにして老いと付き合っていくのかが，次頁図8−3のように**超高齢社会**（65歳以上の高齢者人口が全体の21％以上）を迎えつつある近年では課題となってくる。サクセスフル・エイジングとは，「身も心もつつがなく年をとっていくこと」と表現することができるが，いつまでも若々しく年をとらないように生きること，つまり不老不死や不老長寿の夢を追うことではなく，老い続けなければならなくなった現実の中でいかに老い続けるかについて考えることである（小野，1993）。中年期から否定的ともとれるような変化が多々経験されるが，そのことは，自身の生き方についての再考をせまるものである。そのようななかで，アイデンティティも危機を迎える。青年期に確立されたアイデンティティが問い直され，再体制化されることも少なくない。有限性を認めることは心理的な危機をもたらしかねないものの，その一方で人格的な発達の機会ともなるものなのである。

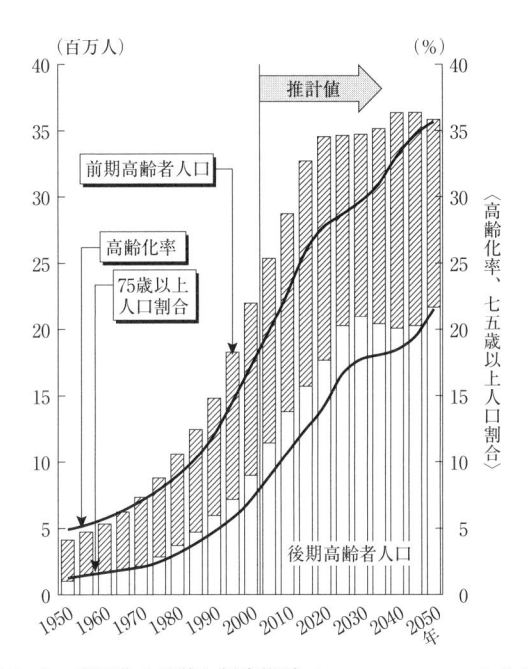

3 中年期・高齢期の発達：有限性と向き合うということ

図8-3　高齢化の推移と将来推計（井上・江原, 2005より作成）

第 8 章　発達（青年期～高齢者）

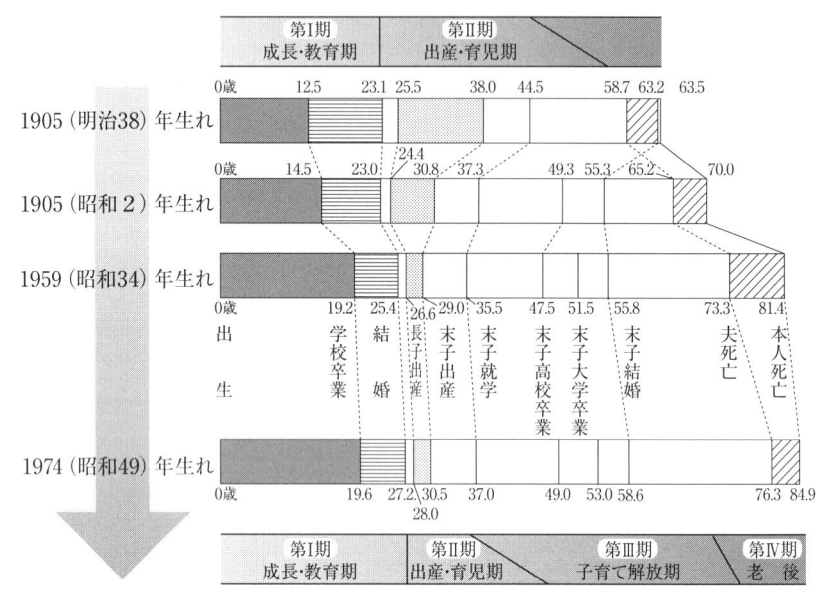

	第Ⅰ期 成長・教育期	第Ⅱ期 出産・育児期		

1905（明治38）年生れ　0歳　12.5　23.1　25.5　38.0　44.5　58.7 63.2　63.5

1905（昭和2）年生れ　0歳　14.5　23.0　24.4 30.8　37.3　49.3 55.3　65.2　70.0

1959（昭和34）年生れ　0歳　19.2　25.4 26.6 29.0　35.5　47.5 51.5　55.8　73.3　81.4

出生／学校卒業／結婚／長子出産／末子出産／末子就学／末子高校卒業／末子大学卒業／末子結婚／夫死亡／本人死亡

1974（昭和49）年生れ　0歳　19.6　27.2 30.5　37.0　49.0 53.0 58.6　76.3　84.9
　　　　　　　　　　　　　　　　28.0

	第Ⅰ期 成長・教育期	第Ⅱ期 出産・育児期	第Ⅲ期 子育て解放期	第Ⅳ期 老後

図 8-4　既婚女性のライフサイクルのモデル（井上・江原，2005より作成）

【設問】　第 8 章

1 ）図 8-4 のように，社会状況・時代によってライフサイクルは変容します。このテキストに書かれている青年期以降の発達課題及び発達のプロセスのうち，社会状況や時代によって変化しそうなもの，変化のなさそうなものについて考え，その理由についても考えてみましょう。その際，家族のあり方にも注意をはらいましょう。

3 中年期・高齢期の発達：有限性と向き合うということ

コラム：映画からみる個の発達と家族の発達　＊＊＊＊＊＊＊＊＊＊＊＊＊＊＊

　この章では，個人の発達について考える材料として家族関係を取り上げてきたが，家族以外の他者と生活を共にするとういうことや，そのような他者と家族になること，自分が親になることなど，想像がつきにくいこともあるだろう。そんな時，映画を観てみることが，理解の助けになるかもしれない。

　家族と分かり合えるなんて幻想だ，そんな思いにかられることもある。例えば『イカとクジラ（2005,アメリカ）』では，2人の息子を巻き込んだ両親の離婚劇が描かれる。登場人物の，特に両親の身勝手さの描写は，イライラしながらも共感できるようなシビアさとユーモアに満ちており，自身や家族について思いをはせずにはいられない。映画の最後，16歳の長男はアメリカ自然博物館にイカとクジラのオブジェを見に行く。子どもの頃に，両親の姿を想像させて恐ろしくなり，それ以来見に行っていないものである。彼はもう，怖がって泣いていればいいだけの子どもではなくなった。家族の問題に，自分なりに向き合う入り口に立ったのである。

　とはいえ，家族をシニカルに捉えたものばかりではない。そんな作品の一つが『リトル・ミス・サンシャイン（2006,アメリカ）』である。この映画の主役は，美少女コンテスト出場を夢見るぽっちゃり少女・オリーブを中心とした家族である。お父さんは上昇志向の強過ぎる男，おじいちゃんはヘロイン中毒，お兄ちゃんは夢を実現するために「沈黙の誓い」を立て，何ヶ月も家族と口を利いていない。そこに失恋によって自殺未遂をしたお母さんの弟がやってくるが，お父さんは彼を負け犬呼ばわり。お母さんは家族をまとめるために奔走するもどうにも空回りしている様子。そんな家族が一台の車に乗りこみ，数日かけてコンテスト出場に向かう。互いを避けられない閉鎖空間の中でぎくしゃくし，ケンカまでし出す家族だが，そんな中，車が故障してしまう。力を合わせて車を押すしか手はない。道中で起こるいくつかの危機を共に乗り越える中で，個々が思いがけない行動を起こし，そのことが家族の関係性をも変えていく。しかし，温かい気持ちで見終わってふと気づくと，この家族の直面する現実は変わらず，課題は山積みである。それでも，これまで個々の問題にバラバラに向き合ってきた，そんな家族ではなくなったのである。

　家族を逃げることのできない，檻や足かせと表現したくなるようなこともあるだろう。それでも，関わり続けなければいけない相手や事柄の中で得ていくもの意味を考えずにはいられない。

第9章
対人社会行動

　「社会」心理学というと，歴史や政治，経済などと関係ある難しい心理学のように思われるが，心理学では，人が2人以上集まった状態，あるいは人が一人しかいなくても別の人の存在を意識した状態を広く「社会」と呼んでいる。

　それゆえ，社会心理学の対象は私達の日常生活のほとんど全ての局面に及ぶことになる。本章では，その中でも，対人関係の問題を中心に学生の皆さんが興味を持っているテーマを3つ取り上げて検討してみることにした。

　まず最初は，人の印象はどのように形成されるかの問題，対人印象形成の問題，次に恋愛関係の問題，そして最後にうわさの伝達の問題についてである。

（越智　啓太）

第9章　対人社会行動

1　対人印象形成

　私達は他人との付き合いの中でその人の外見や行動から,「あの人はこういう人だ」という印象を形成する。また,自分自身も,他人から良い印象を持ってもらえるように行動する。では,このような印象形成の背後にはどのようなメカニズムが存在しているのであろうか,この分野を研究するのが,**対人印象形成**と呼ばれる研究である。

（1）　印象形成における中心特性

　対人印象形成を始めに実験的に研究したのは**アッシュ**（Asch, S. E.）である。彼は,実験協力者にある人物の特徴をリストとして与え,その人の印象を形成させるという方法で実験を行った。例えば,ある人々にはリストAのような単語を提示して印象を形成して,別の人々にはリストBのような単語を提示して印象を形成させ,そこで形成された印象の違いについて検討したのである。

リストA　知的な－器用な－**あたたかい**－決断力のある－実際的な－用心深い
リストB　知的な－器用な－**つめたい**－決断力のある－実際的な－用心深い

　その結果,まず最初にわかったのは,単語の中に極めて大きな影響力を持った単語が存在していることだった。例えば,上記の単語リストでは,リストAで形成される人物は,比較的好印象なのに対して,「**あたたかい**」という一つの単語を「**つめたい**」と替えただけのリストBで形成される印象は,たった一語異なっているだけにも関わらず,大きく低下したのである。これに対して,「器用な」などの言葉は「不器用な」に変えても大きな印象の変化は現れない。この場合の「**あたたかい－つめたい**」のような言葉を**中心特性**という。

104

（2） 印象形成の初頭効果

アッシュの実験では，印象形成において，もう一つ重要な現象が明らかになった。彼は，知的な-勤勉な-衝動的な-批判的な-頑固な-嫉妬深いというリストを提示する時，前から順番に提示すると好印象が形成されるのに，同じリストを後ろから提示すると印象が低下するということを示した。これは印象形成においては，初めに提示された言葉の影響力が大きいということを意味する。これを**初頭効果**という。

（3） 形成された印象の安定性

一度でも人間にある印象が形成されてしまうと，その印象はなかなか変化しにくいということがわかっている。人は既に形成されている印象と合致している対象人物の行動を観察すると「やっぱり思った通りだ」と考え，異なった行動を観察すると「なんらかの外的な事情によって，たまたまそういうことをしているのだろう」と考える傾向があるからだ。例えば，内向的だと思っていた人が家で読書を一人でしているのをみると「やっぱり内気だ」と思うのに対して，友人と楽しく遊んでいるところをみると「きっと，友達に誘われてしょうがなく遊んでいるのだろう」と思ってしまうのである。あらかじめ持っている印象を優先して，それに合致させるように出来事を解釈するこのような認知傾向を**仮説検証型データ処理**という。

（4） ステレオタイプ

ステレオタイプとは，あるカテゴリーと結びついている印象であり，そのカテゴリーの典型的な姿だと思われているもののことである。ステレオタイプの例としては，女は優しく親和的であり，男は攻撃的であるなどのジェンダーステレオタイプや，日本人は眼鏡をかけて，カメラを持っていて，手先が器用で，ワーカホリックなどの（外国人から見た）日本人ステレオタイプなどがある。そのほか，学校・学歴ステレオタイプ，職業ステレオタイプや，また私達の国で特に行き渡っている，血液型ステレオタイプや「オタク」ステレオタイ

第 9 章　対人社会行動

プなどがある。ステレオタイプは初対面の人間などの印象を素早く形成する一種のヒューリスティクスとして有効なこともあるが，型にはまった誤った印象を伝えることも多く，それがネガティブなものだった場合には差別や**偏見**を生じてしまい問題が大きい。特にアメリカでは，黒人ステレオタイプに基づく偏見が現在でも問題にされることが多い。

　ダンカン（Duncan, 1976）は，2人の男性が熱くなって議論し，ついには一方が他方を小突くというビデオを実験協力者に見せた。その後，ここで書かれた行為を説明させると，小突く人物が黒人だった場合，90％以上の被験者がこの行為を攻撃や暴力と判断し，小突いた原因を「本人が乱暴だから」と本人の属性として答えた。これに対して，犯人が白人の場合40％しか，行為を暴力・攻撃と判断せず，出来事を単なるいざこざやふざけと判断した。しかも，この行為を本人の特性でなく，状況のせいにした。

（5）　美人・ハンサムステレオタイプ

　外見のステレオタイプも存在する。例えばミラー（Miller, 1970）は，男子大学生に同年齢の若者の写真を見せ，それぞれの人物を17個の形容詞の次元で評定させた。写真は前もって，魅力度によって，高中低に分けられていた。その結果，男女とも外見が魅力的であるほど，好奇心が強く，洗練されて，見る目があり，自信を持っており，意志が強く，楽しみを求め，融通が利き，幸せで，活発で，愛想が良く，率直で，まじめで，何でも話すとみられた。これはいわば，美人・ハンサムステレオタイプというものである。

　一方で，良い性格を持っていたり，優れた業績を持っているなどの人物は，そうでない人物に比べて，顔などの外見が美しく，あるいはハンサムに評価されるという現象も知られている。これもステレオタイプの影響である。

1　対人印象形成

コラム：美人・ハンサムとは何か？ ＊＊＊＊＊＊＊＊＊＊＊＊＊＊＊＊＊＊＊

　美人やハンサムとはいったいどんな顔なのだろうか？
　この問題を初めて研究したのは，ガルトン（Galton, F）である。彼は様々な人物の写真を，写真で重ね焼きすることによって，平均的な顔を作り出す研究を行っていた。そこで彼は，写真を重ねれば重ねるほど顔が美しくなっていくことを見出した。これは，私達の直感と反するものであるが，人間の顔は平均的になればなるほど美しくなるということを意味している。この説を「平均顔仮説」という。この研究は長い間，特に顧みられることがなかったが，1990年代に入って社会心理学の中で，外見的魅力に関する研究が扱われるようになると再び脚光を浴びることになる。1990年には，ラングロイスとログマン（Langlois & Roggman, 1990）が「美人とは結局平均的な顔に過ぎない」という論文を出して，ガルトンの説を現代によみがえらせている。また，多くの顔を平均化するソフトウェアも，東京大学の原島教授の研究室などで開発された。現在，これらのソフトを使用して多くの人々が様々な平均顔を作り出している。現在，インターネットで検索してみると様々な人種，職種，年齢の平均顔を容易にみることができる。さて，この説は非常に強力な説であるように思われたのだが，その後，アレイとカニンガム（Alley & Cunnningham, 1991）は，「平均顔は確かに魅力的だが，とっても魅力的な顔は平均顔ではない」というタイトルの論文を出した。もし，平均顔仮説が正しいのであれば，多くの人を平均化すればするほど美人・ハンサムになっていくはずなのだが，彼らが見出したのはそうでなく，多くの人の平均顔よりも美しい顔が存在するというのである。例えば，美人コンテストの優勝者の平均顔は，多くの人の平均顔よりも美しくなる。これは平均顔仮説が万能ではなく，あるいはさらに重要な要因が隠されているということを意味している。カニンガムは，「では，どのような特徴を持っていると，平均顔よりも美しくなるのだろうか？」について研究を行ってみた。その結果，相対的に目が大きかったり，あごや鼻が小さいことが重要であることがわかった。これは幼い顔にみられる特徴である。そこから彼は幼形化，つまり幼い子どもの特徴を持っているとより美しく認知されるのではないかと考えた。これを「ネオトニー（幼形化）仮説」という。その後，ジョーンズ（jones, 1995）は，このネオトニー効果は，男→女の方向性では生じやすいものの，女→男の方向では生じにくいということを示した。
　これらの現象は，顔の好みという現象が文化的なものであるというよりも，むしろ，生物学的に規定されたものではないかということを意味している。この問題については現在も引き続き研究が続いている。

2　恋愛関係の形成と崩壊

　私達は，一人では生きていけない。たくさんの人と知り合いになり，様々なコミュニケーションをしながら生活している。この中には，ちょっとした知り合いから仕事上だけの友人まで，いろいろなレベルのものがある。親友や恋人といわれるものはもっとも親密な関係であろう。ここでは異性間の関係についてみてみたい。

（１）　恋愛における外見的魅力の効果

　異性間における印象形成場面では，**外見的魅力**の効果は非常に大きいということがわかっている。**ウォルスター**（Walster, E.）らは，大学新入生向けのパーティーを使用してコンピューターデート実験を行った。この実験では，パーティーに参加したメンバーと初対面の異性のペアをつくり，２時間あまりデートをさせた。その後，ペアの相手の魅力度やもう一度デートをしたいかについて質問した。その結果，選ばれやすさと性格や学校の成績の間には関係がみられなかった。そのかわりに相関があったのは，男女とも外見的魅力であり，外見的魅力が高いほど再デートしたいと評定されることがわかった。つまり，性格よりは外見が重要であるということだ。

（２）　恋愛の進展における SVR 理論

　ウォルスターの研究は，（私達の多くには）残念なことに，外見の良い者は，恋愛関係においても大きなアドバンテージを持っているということを示している。確かに一般論からいえばそうかも知れない。しかし，かなり美人であっても恋人のいない人はたくさんいるし，その一方であまりハンサムでなくてももてる人もいる。これはなぜであろうか。

　マースタイン（Murstein, B. I.）の提案した **SVR 理論**（刺激−価値−役割理論）は，その一つの回答になるかも知れない。マースタインは恋愛は進展によ

2　恋愛関係と形成と崩壊

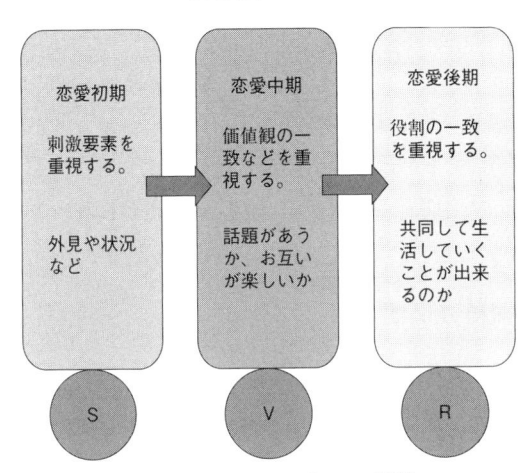

図9-1　MursteinのSVR理論

恋愛初期：刺激要素を重視する。外見や状況など　S
恋愛中期：価値観の一致などを重視する。話題があうか、お互いが楽しいか　V
恋愛後期：役割の一致を重視する。共同して生活していくことが出来るのか　R

って重要視される要素が異なってくるということを示した。恋愛の第1段階で重要視されるのはS（刺激）の要素である。ここでは，外見的な魅力など表面的な特性が重視される。第2段階において重視されるのはV（価値）の要素である。これはお互いの興味や関心の一致などを指す。いくら外見が素敵な異性と出会っても，会話が盛り上がらなければ，関係は深まりにくいし，長く続かないであろう。最後に結婚するかどうかの**意志決定**において重視されるのはR（役割）といわれる要素である。これは，互いの役割を補い合って夫婦という一つの共同体として生活していけるかどうかに関する意志決定である。

この理論からみれば，たとえ外見的な魅力が優れていても，性格に問題があったり，話題が狭かったりすれば，Vの段階を超えることはできないし，一方で外見的な魅力が優れていなくても，人間的な魅力で関係を進展させていくことができることになる。

（3）　恋愛関係における自己開示と関係の深化

恋愛関係の進展をコミュニケーションの観点からみていくと，お互いの**個人情報**を開示していく過程であるといえる。これを**自己開示**という。アルトマン

とテイラー（Altman & Taylor, 1973）は，その過程を**社会的浸透理論**（social penetration theory）によって示している。対人関係の親密化においては自己開示が重要であるが，それは適切な形で徐々に行われることが必要である。つまり，初対面でのいきなりの深い自己開示は逆効果である。また一方で，関係が長く続いているにも関わらず，深い自己開示が行われないのも関係の進展には障害である。

（4）恋愛関係の崩壊

他の人間関係と同様，恋愛関係も終焉を迎える場合がある。現実的にはほとんどの恋愛がいつかは崩壊するだろう。関係の継続の意志決定には，現在の関係にどれだけ満足しているか，現在の関係にどのくらい投資をしたか，そして，新しい関係を形成するためのコストなどが関わってくると考えられている。遠距離恋愛が成り立ちにくいのは，関係継続のためのコストが高く，また，新しい関係形成のためのコストが低いことも関係があるだろう。

3　対人コミュニケーション

私達は，人々と様々な情報伝達を行っている。これを対人コミュニケーションという。人と人とのコミュニケーションは言語のみでなく，動作や表情，顔色などの**非言語的なチャンネル**でも行われる。

（1）説得的コミュニケーション

対人コミュニケーションの一つに，**説得的コミュニケーション**といわれるものがある。これは相手の態度を主に**言語的なコミュニケーション**を使用して，変化させようとすることである。説得的コミュニケーションに影響を与える要因は大きく，送り手の要因，受け手の要因，コミュニケーションの内容・チャンネルの要因に分けられる。送り手の要因としては，メッセージの送り手が専門家だったり，魅力的な人物であると効果が大きくなることが知られている。

受け手の要因としては，受け手の不安傾向等が大きいことや，その情報の正確性を確かめる客観的な基準がないと効果が大きくなること等が知られている。

内容の効果としては，様々な現象が示されているが，その一つとして，**恐怖喚起コミュニケーション**の効果がある。これは例えば，「しっかりはぐきのケアをしないと歯周病ではぐきが腐ってしまいますよ」等のメッセージによって受け手を怖がらせて，その態度や行動を変化させよう（はぐきを磨かせたり，歯周病予防の歯磨き粉を買わせたりする）というコミュニケーションである。一般には恐怖喚起の程度が大きいほど説得効果が大きいが，喚起させる恐怖が大きすぎると逆効果になってしまうということが明らかになっている。

説得的コミュニケーションの様々なテクニックは，テレビコマーシャルやネットの広告でも利用されている。それだけでなく，いわゆる悪徳商法やカルト宗教などはこれを悪用して人々に被害を与えている。そのため，説得への抵抗をつけていくための研究も行われている。

（2） うわさの伝達を規定する要因

対人コミュニケーションは，人から人へとどんどん伝達されていく。その中の一部の情報は，瞬く間に多くの人々に伝わっていく，例えば，**うわさ**がそうである。では，うわさはどのような時に伝わりやすいのであろうか。**オールポート**はうわさの伝達について，以下のような公式を提案した。これをうわさの公式という。

デマ（うわさ）の伝達＝重要さ ×（状況の）曖昧さ

しかし，その後の研究で，重要さの要因はそれほど大きな影響ではない，ということがわかってきた。確かに自分が金を預けている銀行がつぶれるなどの重要なうわさは流れやすいかも知れないが，タレントやクラスメートのゴシップなどのさほど重要でない情報も同様に流れやすいのは，日頃経験するところである。では，**曖昧さ**はどうであろうか。この問題を研究したのは，**シャクター**と**バーディッツ**（Schachter & Burdick, 1955）である。彼らは学校を使って，次の様な実験を行った。

実験の日に6クラスのうちの4クラスで，クラスの2名の女子学生が，朝の

授業前に定例の面接を受けた。その帰り際に,「ところで昨日,職員室から試験問題が無くなったんだけれども何か知っていないか？」と質問された。これが「うわさの植え付け」である。授業開始後,すぐに校長先生が部屋に入ってきて,一人の生徒を「私と一緒に来てください。今日はもう戻らないから,荷物を全て持ってくるように」と呼び出す。この事件は8時30分から45分の間に起こる。このことを生徒が質問すると,教師はとぼける。この操作は,やはり6クラスのうちの4クラスで導入される。このうち,2クラスは「うわさの植え付け」を行ったのと同じクラスである。これを「曖昧さの導入」とする。午後2時に6クラスの全員についてインタビューが行われ,うわさの伝達について調査された。その結果,「うわさの植え付け」だけを行った場合には,うわさはあまり発生しなかったが,曖昧さを導入するとうわさの発生率が急激に大きくなった。「曖昧さの導入」だけのクラスでは午後2時の段階で生徒の66%,それに加えて「うわさの植え付け」が行われたクラスでは,生徒の76%がこの問題に関する何らかのうわさを耳にしていた。

この実験の結果は,オールポートの説通り,状況の曖昧さがうわさの発生には重要な役割を果たしていることを意味している。

（3） 都市伝説とうわさの伝達

さて,うわさは伝達されて行くに従ってどのように変化していくのだろうか。この点についてオールポートは,「**伝言ゲーム**」における伝言内容の変容の実験を元にして,次の様な3つの法則を提案している。

①**平均化**〜 情報量が少なくなる。
②**強調化**〜 強調する部分が残り,関係ない部分が省略される。
③**同 化**〜 私達の先入観に従って情報が変容する。

しかし,実際のうわさ話は,本当にこのような変化をするのだろうか。この点を**都市伝説**と呼ばれるもので,検証してみよう。都市伝説とは,具体的には表のような様々短いストーリーであり,口づてで広がっていくものである。口裂け女のうわさ話は,始めは「学校帰りの小学生が,マスクをした女の人から『私きれい？』と声をかけられる。『きれい』と答えると,女の人がマスクを取

3 対人コミュニケーション

って『これでもきれい？』という。女の人の口は耳まで裂けていた」のように，比較的単純なストーリーであった。しかし，それが何度も伝達され，広がっていくにつれて様々な詳細な情報が付加されていった。例えば，「きれい」と言わなかった場合どうなるかの話，口裂け女の姉妹の話や，なぜ口が裂けたのかという話，さらには口裂け女を追い払う呪文，なぜその呪文によって追い払えるのか，などの情報である。このような事実から考えると，平均化や強調化ではなく，むしろ逆のことが起きているように思われる。また，おもしろいうわさは伝達され，そうでないものは伝達されないので，淘汰され，よりリアルでおもしろい話になっていくことも多いと考えられている。

都市伝説の中には，特定の企業を対象にしたもの（特にファストフードでこの種のうわさが立ちやすい）が，その影響力は場合によっては企業の存続を危うくさせるほどのものであり，軽視できない。

表9-1 日本の代表的な都市伝説

口裂け女	学校帰りにマスクをした女の人から声をかけられる。女の人がマスクを取ると，口が耳まで裂けている。
ピアスの白い糸	友達同士でピアスの穴をあける。すると白い糸のようなものが出てきたので引っぱると，実はそれは視神経で失明する。
ディズニーランドの誘拐	ディズニーランドのトイレで子どもが外国人に誘拐される。
マクドナルドのミミズ（猫）バーガー	マクドナルドのハンバーガーの原料はミミズ（あるいは猫）である。
野村證券のコーヒー	複数の企業から内定を得た学生が，そのうちの1社である野村證券に内定を断りに行くと，コーヒー（カレーなどのバージョンもある）を頭からかけられるというもの。
死体回収のアルバイト	鉄道会社には，飛び込み自殺者の遺体を回収する高報酬のアルバイトが存在する。

(いずれの都市伝説も根拠のないものである)

第 9 章　対人社会行動

【設問】　第 9 章

1）　対人印象をよくするためにはどのような方法が有効なのか，心理学的観点から説明してみよう。
2）　日本や韓国では，血液型ステレオタイプが広まっています。このステレオタイプについて説明するとともに，血液型ステレオタイプによって差別が生じてしまう危険性について説明してみよう。
3）　恋愛の進展について，自分や友人などの恋愛経験を材料にして、SVR 理論に沿って説明しよう。
4）　自分が実際に見聞きしたうわさや都市伝説を一つ取り上げて，それが広まった理由について考察してみよう。

第10章
グループダイナミクス

　この章では集団の動的過程について紹介する。これは，集団が個人にどのような影響を与えるか，という問題であると同時に，個人が集団をどのように動かすかという問題でもある。まず，個人が1つの集団に同化しつつ課題に関わる様子を紹介する。次に，2つの集団の葛藤や統合を紹介する。最後に，集団と主体的な個人との間で生じる葛藤や統合を紹介する。

　集団は人間社会に欠かせないものであるが，集団活動で揉め事が起きたり，集団を堅苦しくうっとうしく感じたりすることもあるかもしれない。この章の内容を理解することで，それらを納得することができたり，少しでも軽減できるような手がかりを得て欲しい。

（田島　司）

第10章　グループダイナミクス

1　他者と一緒に課題に関わる

（1）　正解が明らかでない場合

　例えば，どのような洋服や化粧がおしゃれであるかを考えてみると，実のところ，「みんながおしゃれだというから」という理由がほとんどで，客観的な根拠は極めて弱い場合がほとんどである。

　このような現象のメカニズムを実験的に検討したものとして，自動運動現象を利用したシェリフ（Sherif, 1936）の研究がある。自動運動現象とは，完全な暗闇の中で固定された小さな光点を見つめていると，それがあたかも動いて見えるようになるというものである。動いて見える幅には個人差があるので正解はない。しかし，他者と同席させて口頭で回答させると，バラバラだった回答値は次第に収束してくるという**同調**（conformity）が起こる（図10-1）。また，一度同調すれば，個人条件に戻った後にも同調は維持される（次頁図10-2）。

　ここに働いている影響をドイッチとジェラード（Deutsch & Gerard, 1955）は**情報的影響**（informational social influence）と呼んだ。人は自分の判断や行動に妥当性を求めているが，客観的に検証できる物理的な根拠から得られる妥当性の源泉，すなわち**物理的実在性**（physical reality）が得られない場合に

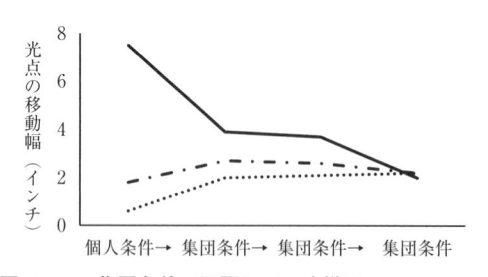

図10-1　集団条件で同調していく様子（Sherif, 1936）

1 他者と一緒に課題に関わる

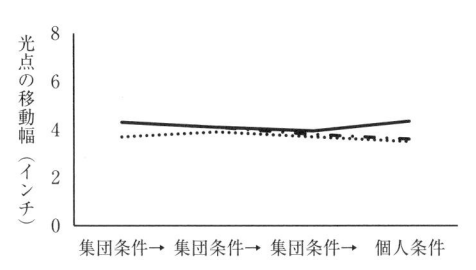

図10-2　個人条件で同調が維持される様子（Sherif, 1936）

は，他の人の判断や行動と類似することで得られる妥当性の源泉，いわゆる**社会的実在性**（social reality）に頼って同調する。つまり，正解が分からない場合にも他者の真似をすれば安心できるのである。

また，ニューカム（Newcomb, et al., 1967）は，保守的な政治的態度を持った学生が自由主義的な校風の大学に入学した後に生じる変化を調査している。どちらの政治的態度が妥当であるかは，政策の効果が現れる将来にならなければ分からず，しかも別の選択肢が選ばれていた場合の結果とは比べることが困難なため，客観的な根拠が弱く情報的影響が生じやすい話題である。調査の結果，1年次には62％の学生が保守的な政治的態度を持っていたが，2年次には43％，3，4年次には15％となり，自由主義的な校風へと同調していったことがわかる。さらに，その25年後に同じ対象者に調査したところ，多くの者に自由主義的な政治的態度が維持されていたことも明らかとなった。

（2）正解が明らかであると思える場合

以上で説明したのは，客観的な根拠がほとんど無く，正解が分かりにくい場合に起こる同調であった。では，自分で正解であると感じられる判断ができるにも関わらず，それが他者の判断と食い違った場合にはどうだろうか。

例えば，自分は何度か食べたがおいしくなかった店を友人達は気に入っており，「あのお店，おいしいよね」と同意を求めてきたとする。このような状況では少なからず葛藤を感じるであろう。これに類似した状況を実験室で再現し，その時，人間がどのように振る舞うかを検討したものとしてアッシュ

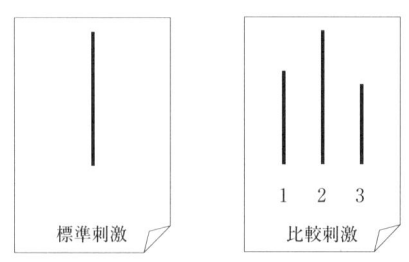

図10-3　アッシュ（Asch, 1951）の実験で用いられた刺激図形の例

（Asch, 1951）の行った以下のような実験がある。

　アッシュの実験では**図10-3**のような刺激カードが使用された。同じ長さの線分を選ぶ非常に易しい問題であり，参加者はほとんど間違いなく答えることができる。ところが，この課題を数名の参加者が同室で一緒に行い，わざと間違った答えを口頭で解答することを依頼された実験協力者（サクラ）達の中に，1名の実験参加者が同席した場合には，真の実験参加者は間違えるはずのないこの簡単な問題に正しく解答できなくなるのである。実験参加者の中で最後まで正しく解答し続けた者はわずか4分の1であった。

　この実験結果は，正解の判断が分かりやすく明解であっても，それと矛盾する内容の社会的実在性があれば，それに同調しやすいことを示している。ここに働く影響をドイッチとジェラードは**規範的影響**（normative social influence）と呼んでいる。

　人にとって他者とは，物理的環境での経験者として知識を提供してくれるだけの存在ではない。この世界の知識そのものが，誰とどのように世界に働きかけるかで変わるのである。それ故に，一緒に課題に関わる他者との社会的実在性は大きな意味を持っている。

（3）　正解から離れていく過程

　成員達が当初は正解に近い意見を持っているにも関わらず，集団で話し合う内に徐々に意見が変化し，正解からむしろ遠ざかってしまうこともある。「一人で決めた方がまだマシだった」ということも起こりうるのである。

1961年に，アメリカ大統領の側近からなる集団によってキューバ政権を倒すための様々な作戦が計画されたが，楽観的に予測されていた侵攻は結果的にはいずれも失敗に終わった。ジャニス（Janis, 1971）はこの事実について，有能なはずの成員達が誤った作戦を立ててしまったのは，集団であるが故に生じた誤った意志決定，すなわち**集団思考**（group think）によると結論づけた。

　この問題を検討したモスコヴィッチとザヴァローニ（Moscovici & Zavalloni, 1969）の実験では，実験参加者に対して個別に政治的態度を測定した後，それと同じ話題に関して4名ずつの集団で議論させ，最後には共通の意見にまとめることを求めた。その結果，集団内でまとまった意見は，当初の個別の意見からいずれも極端な内容へと変化していた。例えば，好意的判断であった場合は一層好意的に，非好意的判断であった場合は一層非好意的にという具合である。このような現象は**集団極性化**（group polarization）と呼ばれている。

　集団極性化によって集団思考という愚かな結末に至る場合がある。それを防ぐためには集団が1つのまとまりで自閉することなく，複数の下位集団に分かれて議論したり，まったく別の集団成員と接することなどが必要であるという。

2　複数の集団で課題に関わる

（1）　複数の集団を認知する

　いつもは学内で行うサークル活動でも，試合や大会の会場では学外の人達と交流することになる。また，同じ学校に入学した学生であっても，その後に別々のクラスに分かれたり，男女別に分かれる場合もあるだろう。このように，複数の人物がそれぞれ異なるまとまりに区分されていることを，**社会的カテゴリー化**（social categorization）と呼ぶ。社会的カテゴリー化によって，人の心理や行動はどのような影響を受けるのだろうか。

　ドアーズら（Doise, et al., 1978）の実験は，少年3名と少女3名が1人ずつ

映った6枚の写真を1枚ずつ呈示し，それぞれの人物がどのような特徴を持っていると思うか，実験参加者に推定してもらうというものであった。半数の実験参加者に対しては，少年と少女の写真を呈示することを事前に教示していたが，残りの半数に対しては，前半の3名の少年または少女の写真呈示が終わるまでは，別の性別の3名の写真呈示があることを教示していないという操作の違いがある。その結果，当初から両性の人物を推定することを知らせて人物の性別を意識させていた条件の方が，同性の3名には似たような特徴を推定し，異性間でははっきりと異なる特徴を推定していたことが報告されている。

つまり，社会的カテゴリー化によって，集団内は実際より類似した人々のまとまりとして（**同化効果**：assimilation effect），集団間は実際より異なった人々のまとまりとして（**対比効果**：contrast effect）認知するようになる。しかしその分，各個人に対する認知は不正確になる場合もありうるということである。

（2） 複数の集団の1つに自己が含まれる場合

複数の集団のいずれかに自己が含まれている場合には，さらに特有の現象が生じるようになる。タジフェルら（Tajfel, et al., 1971）は，絵画の好みのような些細な基準で実験参加者を2つの集団に区分した後，実験参加者同士で相互に報酬を分配させた。2つの集団には優劣が無いため，報酬は全員に平等に分配してよいはずであるが，実験参加者は内集団，すなわち自己が属する集団に多く分配したと同時に，外集団との報酬量の差ができるだけ大きくなるよう分配した（次頁**表10-1**）。その後の研究では，集団成員や生産物を評価させた場合にも，内集団をより好意的に評価することが明らかになっている。このような現象は**内集団びいき**（ingroup favoritism）と呼ばれている。

上記の現象は**自己高揚動機**（self-enhancement motivation）との関連から説明されている。つまり，一般に人は，自分自身を肯定的に評価しようとしており，所属する集団も価値的な評価を伴うため，内集団が外集団よりも肯定的であることを欲し，その結果として内集団びいきが生じるというのである。

これと同じ動機から，肯定的評価を持つ内集団とのつながりを強めようとす

2 複数の集団で課題に関わる

表10-1 報酬分配に使用されたマトリックスの例 (Tajfel, et al., 1971)

内集団成員へ	7	8	9	10	11	12	13	14	15	16	17	18	19
外集団成員へ	1	3	5	7	9	11	13	15	17	19	21	23	25

報酬分配の際には上下13対から1つの組み合わせを選択する。このマトリックスの場合，内集団成員に多くの報酬を分配するためには右方の組み合わせを選ぶ必要があるが，実験参加者は，外集団成員との報酬量の差が大きくなる左方の組み合わせを選んだ。

る場合もある。**栄光浴**（BIRGing: basking in reflected glory）とは，例えば，自分の大学のフットボールチームが勝った翌日に，大学名が記された服装で登校することが増えるなどの現象を指す。

　仲間を大事にすることは望ましいことであるが，内集団の評価が外集団との間で相対的に決定する状況では，自分たちを大事にするあまり仲間はずれを作り出して相対的に否定的な処遇をすることにもなりかねない。

(3) 集団間葛藤の解消

　複数の集団で一緒に課題に取り組む時，両集団の評価が相対的な関係でなくなる場合もある。

　シェリフ（Sherif, et al., 1961）は，キャンプに参加する少年達の2つの集団を対象として，集団間葛藤を強める要因と，それを低減する要因について実験的に検討した。まず，勝負に勝った方の集団成員だけが賞品を獲得できるという競争的状況を経験させたところ集団間は葛藤し，仲が悪くなった。その後，両方の集団成員が協力し合わなければ達成できない**上位目標**（superordinate goal）を見出すきっかけを与えた。キャンプ場の施設のトラブル箇所を両集団が一緒になって探したり，食料を積んだトラックを両集団で穴から引き上げたりする経験を通して，外集団への評価は内集団への評価と相対的ではなくなった（次頁図10-4，図10-5）。上位目標に対して全員が同じように協力することによって，葛藤をもたらしていた集団間の境界線は曖昧になり，敵対していた気持ちも和らぐことが分かる。

第10章　グループダイナミクス

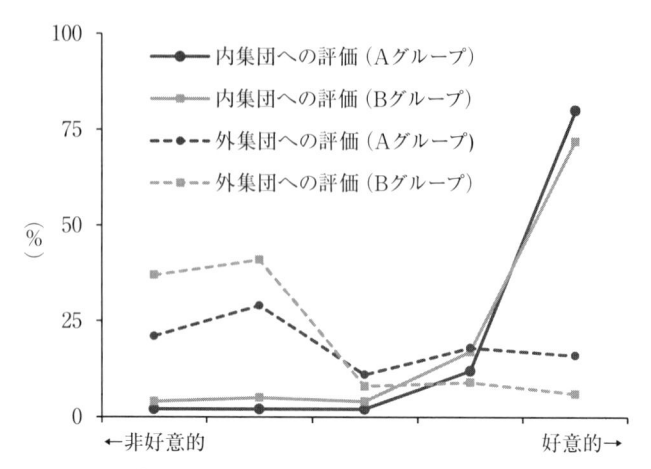

図10-4　集団間葛藤の後に行った成員同士の属性評価（Sherif & Sherif, 1969）

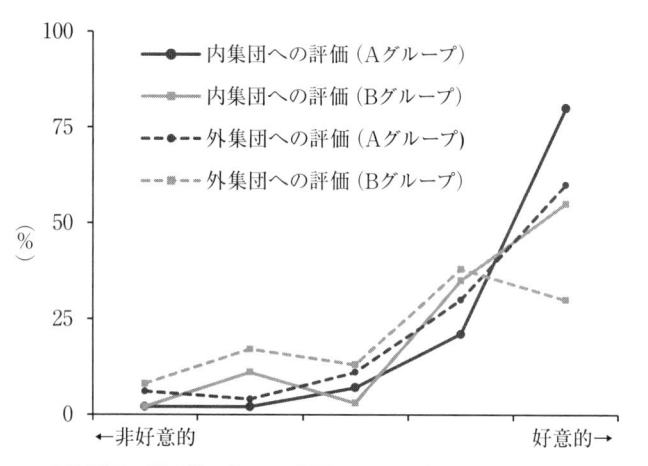

図10-5　上位目標の導入後に行った成員同士の属性評価（Sherif & Sherif, 1969）

　さらに，集団の境界を無くそうとするのではなく，集団間を相補的な役割関係にして，集団の境界は顕在化させたまま上位目標の共有によって１つの集団として結びつけ，集団に階層構造をもたらすことで葛藤を解消しようとする考え方もある（Hewstone & Brown, 1986）。

3 集団で課題に関わる個人

（1） 個人と集団の葛藤

　ここまでは集団という語句を広い意味で用いてきた。例えば，偶然に同じ色の服を着ている人達がいた場合，私達が頭の中で彼らを共通の枠組みでひと括りにしただけでも，それを集団と呼ぶことができるのである。

　しかし心理学においては，特に意味を限定して以下のような特徴を持つ社会的単位を集団と呼ぶことがある。まず，共通の目標を持ち，その目標を達成するために協力しあう必要のある仕事など，いわゆる**課題**（task）が存在することである。つまり，集団は外部の環境に働きかけるものである。このような条件が整うと，目標達成のために集団成員に期待される行動の基準が**集団規範**（group norm）となり，それを期待される人々の範囲が集団の境界として顕在化し，その内部には**われわれ意識**（we-ness）等の一体感が生まれる。また，集団規範は成員の行動を評価する際の基準にもなる。

　綱引きのように皆で同一の作業をする場合だけでなく，異なる成員がそれぞれ異なった機能を果たしつつ協調し合って課題遂行するという**役割**（role）の関係が成立することがある。例えば，会社の中でモノを作る人と，それを売る人とに分かれるようにである。このような分業によって，集団内における影響力などの序列が現れ，威光の差を伴った地位が明らかになってくる。

　このような集団では，個人は集団に単に同化するだけではなく個性を持った成員として機能すると同時に，1つのまとまりある集団としても機能するという階層性を持ち，それ故に様々な葛藤をもたらすことにもなる。

　例えば，困難な課題を遂行し，それによって集団目標が達成することは全ての成員にとって望ましいことであるが，成員の仲がとても良い場合には困難な課題をやろうとしなくなることがある（波多野，1996）。そのような課題遂行によって個人の能力の差が明らかになりやすく，自分の評価が下がる成員も出

てくるからである。

　また，集団の中では個人的な希望が叶わず，我慢を強いられることがある。そのような時に私的目標を優先させる傾向を**個人主義**（individualism），集団目標を優先させる傾向を**集団主義**（collectivism）という。しかしこのように，私的目標と集団目標が対立する場合ばかりではない。

（2）　個人と集団を取り持つリーダーシップ

　集団の目標は，必ずしも全ての成員の個人的な欲求の総計と合致しているわけではない。それ故に，集団活動のやり方によっては，成員達の間で不満が生じてくることも珍しくない。そこで重要になるのが**リーダーシップ**（leadership）である。リーダーシップとは，集団目標の達成過程において集団活動に与えられる影響を指す。これは，選ばれた一人のリーダーだけが行うことではなく，成員の誰もが執りうるものである。

　初期のリーダーシップ研究では，リーダーになりやすい人の個人的な特性が検討された。そこで明らかになったのは，知能などの能力やある種のパーソナリティがリーダーと正の関連があったことである。しかし，複数の研究間で結果はさほど共通しておらず，中には，「攻撃性」と「温厚さ」のように，互いに矛盾する特性が含まれていることもあり，リーダーシップは集団を取り巻く状況によって適切な機能が異なると考えられるようになっていった。

　リーダーシップの機能は大きく2つに分類されることが多い。その1つは，集団目標を達成させるために成員を課題遂行へと向かわせる機能である。もう1つは，集団成員の関係を良好に保つ機能である。例えば三隅（1984）は，目標を達成するよう課題遂行を促進するP（performance）機能と，成員個人を配慮，尊重し集団を維持するM（maintenance）機能とに分類し，これをPM**理論**としてまとめている（次頁表10-2）。

　これら2つの機能の適切な割合は，課題の構造，成員の力量や成熟度，成員のリーダーに対する尊敬や信頼などに左右されると考えられている。つまり，成員が納得してくれるような場合には集団全体を課題遂行へと向かわせ，成員の不満が出そうな場合には配慮を多くするなどの，調整が必要なのである。

表10-2　リーダーシップのP機能とM機能を測定する項目例 (三隅, 1978より作成)

（P機能）
・あなたの上役は規則に決められた事柄にあなたが従うことをやかましくいいますか
・あなたの上役はあなた方の仕事に関してどの程度指示命令を与えますか

（M機能）
・あなたは、仕事のことであなたの上役と気軽に話し合うことができますか
・全般的にみてあなたの上役はあなたを支持してくれますか

　また，選挙によって選ばれたリーダーは，選出という報酬を成員から受けていることになるために集団内からの批判に対して弱い立場となる（Jacobs, 1970）。成員の個人的な欲求を満たして支持を得ようとする側面だけを重視すれば，集団の外部にある課題の遂行に悪影響を及ぼす場合もあるだろう。

（3）　個人と集団を統合する相互作用の形態

　集団での活動は，成員をあやつり人形のようにしてしまうわけではない。
　集団目標の達成に貢献する行動の中には，成員に正式には要請されていない行動も含まれる。それが職場における従業員の任意で行われた場合，その行動は**組織市民行動**（organizational citizenship behavior）と呼ばれる。例えば，率先してアイデアを出したり，自主的に同僚を手伝ったりすることである。これまでの研究では，職位の高い者や組織に愛着を感じている者は組織市民行動を生起しやすいことが知られている。また，組織市民行動が職務満足と正の関連を持つことが確認されている（Spector, 1997）。
　さらに，現実社会の多くの集団活動では，成員一人ひとりに最初から固定的なマニュアルによって行動が決められているわけではなく，他の成員との相互作用の中で互いが主体的に工夫を加えながら，集団目標が達成できるよう創造的に課題遂行している。これは**役割形成**（role-making ; Turner, 1962）と呼ばれる相互作用であり，個人と集団を統合する重要な過程である。

第10章　グループダイナミクス

コラム：肩書きを気にする方が仲良くなれる？　＊＊＊＊＊＊＊＊＊＊＊＊＊＊

　「人を肩書きで判断するな」「私という人間そのものを知って欲しい」等と言うことがある。確かに，どのような人であるかよく知らずに，肩書きなどで全てを判断してしまうのは良くない面もあろう。

　現代の日本では，肩書きなどで人を判断する傾向が弱まっているところもある。社員の採用時に，人種や性別，学歴，出自などが理由で不採用にならぬよう配慮している企業は少なくない。また，インターネットの浸透によって，匿名のまま他者と交流する場面も増えている。肩書きなどが分からない方が互いに打ち解けやすく，腹を割っての相談などもしやすいという経験もあるかもしれない。

　しかし一方で，肩書きのような集団の所属を意識することで，他者との交流が，むしろスムーズになることはないだろうか。

　田島（1998）は大学生を対象者として，初対面の人に対する自己紹介文を記述させた。また，別の機会に同じ対象者に対して，混雑した駅の中で初対面の人と会った場面を想定させ，その人への信頼感などについて測定した。その結果，自己紹介文で「大学名」や「出身高校名」を書いた人は，初対面の他者が自分に心を開き，協力してくれる，と信じていることが明らかとなった（図10-6）。

　肩書きを知り合えば人柄や能力がある程度は分かって付き合いやすくなるだろう。しかしそれだけではなく，自己と他者を機能的な違いとして把握できることが，違いを受け入れることにつながるということではないだろうか。

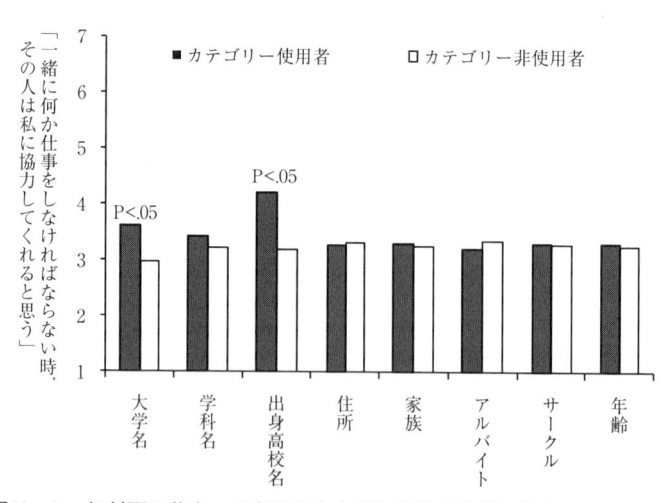

図10-6　初対面の他者への自己紹介内容と道具的信頼の程度　(田島, 1998)

3 集団で課題に関わる個人

【設問】 第10章

1) 現実社会の中で内集団びいきであると感じられる現象を挙げてみよう。
2) 自分の真の意見とは異なる意見を持つ集団に同調した後，その集団の成員が徐々に入れ替わっていった場合，同調した意見は維持されるだろうか。
3) 集団で課題遂行する際に，裁量性が与えられる中で成員相互に創意工夫しながら集団目標達成に貢献できる遂行をするためには，各成員にどのような条件が整っている必要があるだろうか。

第11章
性 格

　人がどのように行動するかは，その場の状況とその人の性格により決定される。たとえ同じような状況でも，人によって行動が異なることは，よく観察される。それは，人によって性格が異なるためである。このような個人間における差異や，個人間に共通する法則性について研究していくのが性格心理学である。

　たしかに行動は状況によって変わる。持続的で一貫した行動のうち，個人によって異なるものを性格と呼ぶ。「性格」に近い言葉として「人格」があるが，人格という語には，「人格者」という言葉があるように，道徳的な意味が含まれている。そのため，一般的には「性格」か，あるいは英語の「パーソナリティ」（personality）という語が使われることが多い。

　この章では，この「性格」をテーマに，性格の捉え方として2つの代表的な理論である「類型論」と「特性論」，及び性格の測定の方法について解説していく。

（中村　晃）

第11章　性格

1　類型論

　類型論とは，人を典型的な性格のタイプに分類するやり方である。人は，日常的に「この人は何タイプ」とみなすことも多い。例えば，星座占いや血液型による**性格判断**もこの類型論的な考え方である。血液型性格判断では，例えばA型は几帳面であるとか，O型はおおらかである，というように判断するやり方であるが，これまでの研究によると性格と血液型の明確な関連は認められていない。心理学の分野における代表的な類型論としては，以下のようなものがある。

（1）　クレッチマーの体型論

　古くから知られている代表的な類型論の一つに，ドイツの精神病理学者の**クレッチマー**（Kretschmer, E.）が提唱した体型による類型論が有名である。クレッチマーは自分の医者としての経験から，精神病とその患者の体型には関連があることを見出していた。さらに，健常者であっても，体型と性格傾向との間に関連があると考えた。クレッチマーによると，体型がやせ形の細長型の人は分裂気質といい，非社交的で真面目な性格，体型がぽっちゃり型の肥満型は躁うつ気質と呼ばれ，社交的で活発だが，気が弱い性格，体型ががっちり型の闘士型は粘着気質といい，エネルギッシュで几帳面だが，融通が利かない性格といったように，体型と性格を関連づけている。

　この理論は大変有名ではあるが，現在この理論の妥当性を疑問視する研究者も多い。

（2）　ユングのタイプ論（向性論）

　スイスの分析心理学者**ユング**（Jung, C. G.）は，精神科医としての臨床経験から，人には異なる2つの態度があると考えた。1つは自分の興味や関心が外に向かう**外向型**，もう1つは自分自身の主体に興味関心が向く**内向型**である。

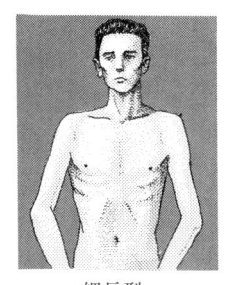

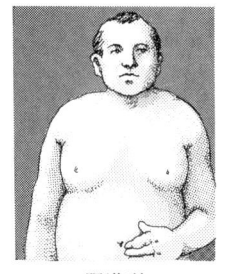

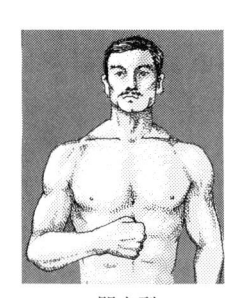

1　類型論

細長型　　　　　　　肥満型　　　　　　　闘士型
図11-1　クレッチマーの体型による類型論（クレッチマー，1960）

　外向型の人は社会や環境に順応しやすく，社交性や行動力があるが，周りに流されやすい傾向を持つ。一方，内向型の人は，外の世界より自分の内面的な世界に関心が向く傾向があり，自分自身の世界観を持っているが，内気で引っ込み思案になりやすい性質を持つ（神田，1998）。
　さらに，ユングは思考・感情・感覚・直観の4つの心における機能を想定した。4つの機能のうち，思考は筋道を立てて考える機能，感情は好き嫌いなど一定の価値を決定する機能，感覚は感覚器官から物事を知覚する機能，直観は物事そのものよりもその背後の可能性を捉える機能である。人はこれら4つの機能のうちで1つの機能を特に発達させて用いていると考えた。
　このように，外向・内向かの2つの態度，及び思考・感情・感覚・直観の4つの機能のうち最も優勢なものとの組み合わせで，8つの基本的なタイプを考えた。このユングによる類型論は，他者を理解したり，あるいは自分の偏りに気付くのに役立つと考えられる。また，どのタイプに当てはまるかを検討した質問紙も開発されている（佐藤，2005）。

（3）　**タイプA・タイプB・タイプC**

　フリードマンとローゼンマンは（Friedman, M. & Rosenman, R. H., 1959），心筋梗塞や狭心症などの心臓疾患にかかりやすい人に特徴的な性格を見出し，これを**タイプA**と名付けた。タイプAの特徴としては，精力的な活動性，短気，せっかち，負けず嫌い，競争心旺盛，上昇志向の強さ，敵意を持ちやす

第11章 性格

表11-1 ユングのタイプ論

内向	外向
関心が内に向かい，主観的である	関心が外に向かい，客観的である
孤独で，外部の世界から身を守る	社交的で，自分の殻に閉じこもらない
自分の考えを表現するのが下手である	自己表現が得意である
自信が弱い	自信が強い
他人に無干渉	他人に自分と同じ行動を要求しがちである
他人がいると，仕事ができない	他人といたほうが，仕事ができる
仕事を引き受ける前に，責任を感じる	責任を二の次にしても，チャンスは逃さない
存在感が強い	意外に存在感が薄い
意外に頑固である	周りに流されやすい

い，などが挙げられる。フリードマンは，この「タイプA」にあてはまらない人々を「タイプB」とし，人間を2つのタイプに分けた。そこで，タイプAとタイプBの狭心症や心筋梗塞といった心臓疾患のかかりやすさを比較検討したところ，タイプAの人はタイプBの人と比較して約2倍これらの心臓疾患になりやすいことが明らかとなった。さらに，タイプAの性質の中でも特に敵対性の高さが心臓疾患のリスクと大きく関係することが示されている（Williams et al. 1980）。敵対性の高さとは，他人を疑う傾向や怒りやすさ，あるいは攻撃行動の多さである。そのため，普段の生活でこのような敵対性を減らす工夫が心臓疾患のリスクを減らすことにつながると考えられる。

　さらに，テモショック（Temoshok, L., 1987）は，がんの患者（悪性黒色腫患者）との面談を重ねていくうちに，彼らが感情を抑制し，不平や不満をほとんど述べることがないことに気づいた。このように，たとえ怒りや悲しみといった心理的苦痛を感じても，表面的には明るく振る舞い，忍耐強く控えめで，譲歩をいとわず協力的で，さらに自分の満足より他者を喜ばすことを優先するなどの行動特徴を，タイプC性格と呼ぶ。研究の結果，実際にタイプC性格の人はがんによる死亡率が高いことが報告されている（Grossarth-Maticekら，1988）。しかし，タイプCについての研究はあまり多くされてはおらず，タイプAほど広く知られているわけではない。

　このように，タイプAは短気・競争的・攻撃的タイプであるのに対し，タイプCは控えめ・協力的で自分の気持ちを抑えて周囲に合わせるタイプ，と

2 特性論

表11-2　タイプA質問項目例　　　（前田, 1985より作成）

- 忙しい生活ですか？
- 毎日の生活で時間に追われるような感じがしていますか？
- 仕事，その他なにかに熱中しやすい方ですか？
- 仕事に熱中すると，他のことに気持ちのきりかえができにくいですか？
- やる以上はかなり徹底的にやらないと気がすまない方ですか？

いったように対極の関係にあるといえる。タイプAもタイプCもそれ自体は決して病的ではないが，この傾向が過ぎるとこのような病気のリスクが高まると考えられる。

　このような類型論の考え方は，分かりやすさという大きな長所を持っている半面，数少ない型に押し込めてしまう危険性も持っている。型の典型に当てはまらない場合も多く，中間の人も多く存在する。あるいは，同じ類型に属するからといって，個人間の差異を見失いやすい。そのため，このような差異を無視して安易に「何タイプ」と決めるけることは，かえってその人に対する誤解が生じたり，偏見につながる危険性がある。例えば血液型性格判断の例では，調査の結果AB型のうち33%，B型の人のうち52%とかなりの人が，自分の血液型という判断材料だけで，性格を決めつけられて嫌な思いをしたことがあると答えている（山岡, 2010）。

2　特性論

　性格は，活動性や社交性などいくつもの成分から構成されていると考えられる。このような性格を構成する成分を特性（trait）と呼ぶ。人には共通した性格の特性があるという前提の上で，この各基本的特性を量的にどれだけ持っているかの度合いによって個人の性格を説明しようとする立場を**特性論**と呼ぶ。

　つまり，類型論のように「ある特性を持つタイプ」というように分類するのではなく，その特性をどのくらい強く持っているかという程度の問題として捉える。例えば，外向的な人を表現するときに，類型論では「外向的タイプ」と

第11章　性格

されるが，特性論では「外向性が強い」というように表現される。

特性をどのように設定するかは，研究者によって異なる。以下によく知られている3つの特性論について説明する。

（1）　キャッテルの特性論

アメリカの心理学者キャッテル（Cattell, R. B.）は**オールポート**ら（Allport, G. R.）が辞典などから集めた性格の特性を表す4,500語に対して，因子分析などの数学的手法を用いて特性の用語間の関連性を検討し，最終的に性格は16の根源特性から構成されると主張した。16の特性には，例えば「服従性－支配性」「空想的－現実的」「責任感が強い－責任感が弱い」等が含まれる。この理論をもとに，キャッテルは16 PFという性格検査を開発した。

（2）　アイゼンクの特性論

イギリスの心理学者アイゼンク（Eysenck, H. J.）は，キャッテルと同様に因子分析などを用い，性格を構成する基本的な因子として，外向性の次元（extraversion）と神経症的傾向の次元（neuroticism）の2次元（後に，精神病傾向を入れた3次元）を見出している。外向性とは，活動性，社交性，衝動性，などを表し，その対極が内向性である。一方，神経症傾向とは，自信のなさ，不安感，落ち着きのなさ，といった情緒的な不安定さを特徴とし，その対極は情緒安定である。この2つの次元によって，性格の個人差を説明しようとした。なお，この理論をもとにして，アイゼンクはモーズレイ性格検査（MPI）を開発した。

（3）　特性5因子説

特性論の研究が進むなかで，近年性格は最終的に5つの特性に集約することができるという説が**特性5因子説**（Five Factor Model）である。その5つの特性は，ゴールドバーグ（Goldberg, L. R.）により**ビッグ・ファイブ**と名付けられた。ビッグ・ファイブはそれぞれ，外向性（Extraversion），協調性（Agreeableness），誠実性（Conscientiousness），情緒不安定性（Neuroticism），開放

2 特性論

表11-3 Big Five 尺度の項目例 (和田, 1996より作成)

因　子	項　目
外向性 (E)	話し好き 陽気な 無口な*
神経症傾向 (N)	心配性 悩みがち くよくよしない*
開放性 (O)	独創的な 多才な 興味の広い
誠実性 (C)	計画性のある いい加減な* ルーズな*
調和性 (A)	温和な 寛大な 短気*

*印は逆転項目。

性（Openness）を表し，研究者によってその特性の名称に若干の違いがみられるが，多くの研究者の間で共通したこの5因子が得られ，様々な文化圏でも同様の因子が認められている。

外向性とは，陽気で活動的，社交的で積極的であることを表す。協調性（あるいは調和性）は，素直で温和で寛大，親切で良心的な性質，誠実性（あるいは勤勉性や信頼性）は，勤勉で計画性があり，几帳面で辛抱強さを表す性質，情緒安定性（あるいは神経症傾向）は，悩みがちで不安になりやすく，心配性で傷つきやすい性質，開放性（あるいは知性）は独創的で想像力に富み，好奇心が強く視野が広い性質を，それぞれ表す。

この5因子を測定する尺度も，これまでに開発されており，特にコスタとマックレー（Costa, P. T., Jr. & McCrae, R. R., 1992）による **NEO-PI-R**（Revised NEO Personality Inventory）が最も広く使用されている。日本でよく使用される尺度としては，下仲ら（1999）が日本語版として標準化した日本語版NEO-PI-Rや，辻（1998）によるFFPQ（Five Factor Personality Questionnaire）等が挙げられる。

このような特性論の考え方は，類型論にみられるように単純化するのではなく，個人の性格をより詳細にみることができ，さらに個人間の性格の特徴や傾向の強さを比較することも可能である。しかし，問題点として，性格を全体として捉えにくく，また独自性も見落とされやすい等が挙げられるだろう。

3　性格の測定

　性格の情報を得るための方法としては，例えば，相手の行動を観察する観察法や，相手と会話をする中で相手の性格を理解しようとする面接法，あるいは道具として心理検査を用いて相手を理解しようとする心理検査法などがある。以下，この心理検査法について解説する。心理検査に関しては，非常に多くの検査が開発されているが，大きく分類すると質問紙法，投影法，作業検査法の3種類に分類できる。

（1）　質問紙法

　質問紙法では，ある性格に関する事項を様々な側面から系統的に質問し，「はい」「いいえ」「どちらでもない」等の選択肢を選んで回答するものが多い。代表的なものに，120項目12尺度からなる**矢田部・ギルフォード性格検査**（Y-G性格検査）や，550項目10尺度からなる**MMPI**（Minnesota Multiphasic Personality Inventory：ミネソタ多面体人格目録）がある。あるいは，バーン（Bern, E.）による交流分析の理論をもとにしたエゴグラムも簡便でよく利用される。

　質問紙法はテスト自体の実施も採点も比較的容易であり，広く用いられるが，回答者が正直に答えず，意図的に回答をゆがめる場合があること，及び性格の表面的なレベルしか測定できない傾向があることが問題点として挙げられる。

3　性格の測定

（2）　投影法

投影法とは，曖昧な刺激や材料を与え，それに対する反応をもとに性格を測定するものである。

代表的なものに，まずロールシャッハ・テスト（Rorschach test）が挙げられる。これは，スイスの精神科医ロールシャッハ（Rorschach, H）によって作成された。この検査では，インクの染みのような左右対称の図版10枚を順番に見せ，それぞれの図版に対して，何に見えるか，どうしてそのように見えるかなどを回答してもらい，それを記録して解釈するものである。

また，**絵画統覚検査**（Thematic Apperception Test : TAT）は，マレー（Murray, H）により開発された検査で，20枚の絵を順番に見せて，それぞれの絵に対し回答者はそこから連想する物語を語ってもらい，それを記録して分析するものである。

ローゼンツァイク（Rosenzweig, S.）によって開発された**P-Fスタディ**（絵画フラストレーション・テスト）は，欲求不満場面を表わす一コマ漫画のような図版の吹き出しに，自分だったらどのように答えるか考え，その台詞を記入していく検査である。

文章完成法（Sentence completion test : SCT）は，未完成の文章が呈示され，その未完の部分を回答者が埋めていき，文章を完成させていく方法である。

その他の投影法として，家・木・人間を描いてもらうHTP検査（House-tree-person Test）や，木の絵を描いてもらうバウムテスト（Baum Test）等がある。

投影法は質問紙法と異なり，どのように答えたらどのように判定されるか回答者が予測することが難しいため，意図的に回答をゆがめることなどの問題は少なくなるという利点がある。さらに，本人にも気付いていないようなその人らしさをより深く知ることができる傾向もある。しかし，採点方法や解釈が難しく熟練が要求されるため，手軽には行えないという問題点もある。

（3）　作業検査法

作業検査法は，簡単な作業をしてもらい，その作業の過程や結果から性格を

第11章　性格

図11-2　ロールシャッハ・テスト

図11-3　TAT

図11-4　P-Fスタディ

図11-5　SCT

図11-6　内田・クレペリン精神作業検査

測定するものである。この種の検査は，ドイツの精神医学者クレペリン（Kraepelin, E.）による研究から始まっている。日本では，**内田・クレペリン精神作業検査**がよく使われている。この検査では，1桁の数を連続加算していき，その作業過程から性格を測定するものである。検査が比較的容易に行え，集団でも実施しやすく，検査の意図が分かりにくいことから，広く使われている。しかし，結果の解釈には投影法と同様に，相当の訓練と経験を必要とする。

　心理テストは，研究や臨床場面で広く使われるが，決して万能ではなく多くの欠点もあるため，心理テストの限界を十分理解したうえで使用することが重要である。また，その結果を伝える際にも細心の注意が必要である。

　またこれらの心理検査では，種類によってそれぞれに長所・短所がある。そのため実際に使われる場合は，このような検査のいくつかを組み合わせて使われること（テストバッテリーと呼ばれる）が多い。

3　性格の測定

コラム：性格と神経伝達物質の関連 ＊＊＊＊＊＊＊＊＊＊＊＊＊＊＊＊＊＊＊

　性格については，心理学からだけではなく，生物学や精神医学の分野においても研究が重ねられてきている。その中でも最近特に注目を浴びているものの中に，Cloninger らによる研究がある。

　Cloninger は，神経薬理学や神経解剖学及び性格の心理学的知見から，性格気質には新奇性追求（novelty seeking），損害回避（harm avoidance），報酬依存（reward dependence）という 3 つの次元があると想定した。さらに，それぞれの気質と中枢神経系の神経伝達物質とは関連があると考えた。神経伝達物質とは，神経細胞と神経細胞の間で，信号を伝えるために放出される物質のことである。神経伝達物質には数十種類が存在することが知られているが，その中でも，新奇性追求はドーパミンと，損害回避はセロトニンと，報酬依存はノルエピネフィリン（ノルアドレナリン）と関係すると Cloninger は述べている（なお後に，Cloninger は 3 つの次元に，4 つめの気質である固執（Persistence）を加えている）。

　新奇性追求とは，行動の活性化と関係し，新しいものに対して探索的な行動をしたり，衝動的な決断をしたり，短気であったり，欲求不満を積極的に解消しようとする傾向を表す。報酬依存は，行動の維持に関連し，感傷的，社会的愛着，他人の賛成への依存等で表せるような傾向である。また損害回避は，行動の抑制に関連し，将来の問題に対して悲観的に心配したり，不確かなことへの恐れとか，人見知りをしたりといった受け身的回避的に行動する傾向を表す。一方固執は，行動の固着と関係し，疲労や欲求不満を忍耐する傾向である。なお固執は，最初は報酬依存に含まれていたが，独立した気質として捉えられるようになった。

　実際，この仮定に基づいた分子生物学的研究では，気質と神経伝達物質との関連が一部認められている。例えば，ドーパミンの受容体に関連した遺伝子と新奇性追求との関連がみられたという研究結果や，セロトニンの遺伝子の違いが損害回避に影響するという研究結果も報告されている。さらに，脳機能画像法を用いた研究も行われており，気質と特定の脳部位との間にも関連がみられ，気質に生物学的な基盤があることが示されている。

　このように，性格の研究に対して心理学からのアプローチのみならず，生物学的な検討も重ねられてきており，今後ますます性格の生物手的基盤が明らかになってくるように予想される。

第11章　性格

【設問】　第11章

1） 類型論と特性論を比較すると，それぞれどのような長所と短所があると考えられるだろうか。
2） 質問紙法と投影法を比較すると，それぞれどのような長所と短所があると考えられるだろうか。
3） タイプAとタイプCとはそれぞれどのような性格で，どのような病気のリスクがあるか，比較してみよう。

第12章
臨 床

　現在，心理カウンセラーという仕事が様々な場面で注目されている。それは，社会からの要請であったり，スクールカウンセラーであったり，メディアの中からであったりする。また，読者の中には「自分は何となくカウンセラーに向いている気がする」という人もいるであろう。

　そうした期待に応えられるかどうか分からないが，本章では，心に悩みを持つ人を援助するための分野である「臨床心理学」を扱っている。この分野に興味があるという人は，まず本章を読んでみてほしい。おそらく，読者がこれまで持っていたイメージとはかなり違うはずである。

　では，なぜそのような違いが生じるのであろうか。本章を読み進める中で，そうしたことを考えてみてほしい。

　　　　　　　　　　　　　　　　　　　　　（相良　陽一郎）

第12章　臨床

1　臨床心理学（clinical psychology）とは

（1）　「臨床（clinic）」という用語

「臨床」とは，「床に臨む」ということで，もともと医師が患者の横たわる床（ベッド）に臨んで診断し，回復の方法を講じることを示す用語であった（渡邉，2003 a）。すなわち，病や傷，その治療に関連する領域が臨床の領域である。医学においては患者を扱う実用的学問として「臨床医学」が存在し，「基礎医学」と対を成している。臨床心理学も同様に，何らかの心の問題（悩み）を抱えている人に対して，心理学的な知識と技術を用いて，実践的な関わりをしながら問題解決を支援するための学問である。

さらに臨床心理学においては，この「床」を生活の場，すなわち人が寝起きする現実の場と捉えることも可能である。その場合，上記のような関わりはどこか特別な場所で施術されるものではなく，人が生きている現実の中で支援を行う実学と考えることができる。

（2）　臨床心理学の成り立ち

心の問題（悩み）の解決というのは，古くて新しいテーマである。

古くは，心の問題に対して祈祷などの宗教的方法が採られてきた。宗教家は，臨床心理士やカウンセラーの原型ともいえる（Smith et al., 2003；渡邉，2003 b）。しかしその後，19～20世紀の近代科学の発展に伴い，心理学や精神医学における著しい進展があった。例えば，この時期に生まれた代表的な心理療法として，フロイト（Freud, S.）の**精神分析学**がある（→本章 2）。

そのような中で，ヴント（Wundt, W.）が世界初の心理学実験室を開設したのが1879年であり（**第1章**），そのヴントのもとで実験心理学を学んだウィトマー（Witmer, L.）が，1896年にアメリカのペンシルバニア大学において，やはり世界初の心理クリニックを開設することになる（サトウ・高砂，2003）。

1　臨床心理学 (clinical psychology) とは

この時ウィトマーが「**臨床心理学**」という用語を使い始めたのが最初とされている (Witmer, 1907)。その後も臨床心理学は，精神分析学や精神医学，その他の様々な心理学領域と相互に影響を与えながら発展し，さらに第二次世界大戦を始めとする様々な社会的要請の中で，いかにすれば心の問題を解決できるのか，現在に至るまで検討し続けている。(注1)

言い換えれば，この学問の歴史は100年ほどしかなく，まだまだ発展途上の若い分野なのである。

（3）　臨床心理学の構造

臨床心理学の目的は単純である。一人では解決できないような心の問題（悩み）を持つ人＝クライエント (client) の相談に乗り，問題が解決できるようにできる限りの援助をするというものである。しかし，いざこれを実現しようとすると，（多くの読者もご存知の通り）簡単にはいかないことが多い。

そこで現代の臨床心理学では，**アセスメント** (assessment) 及び介入 (intervention) といった実践活動（1）），調査や論文執筆などの研究活動（2）），他の専門家との協力などを行う専門活動（3））のそれぞれをしっかり行うことで，この難しい目的を達成しようとしている。(下山，2009；2010)

1）　実践活動

上記の目的を達成するときの最も直接的で分かりやすい活動が，**実践活動**である。クライエントの持つ問題を解決できるように援助するもので，通常は面談やカウンセリング (counseling) の形で行われる。その際，援助を行う側の人を相談員やカウンセラー (counselor) と呼ぶことが多い。(注2)

①　**実践活動はアセスメントと介入で成り立っている。**

効果的な援助を行うためには，まず当該のクライエントが抱えている問題がどんなものなのか，よく調べなくてはならない。ある程度問題が明らかになれば，効果的な関わり方を決めることができる。このように，クライエントの問題を特定し，関わり方の方針を決める手続きをアセスメントと呼んでいる。そしてこのアセスメントの結果に基づき，実際にクライエントと関わっていくのが，介入と呼ぶ手続きである。(注3)

② 実践活動はアセスメントと介入を繰り返しながら進んでいく。

　一般的に，クライエントの抱える問題は複雑である。内的・外的，過去・現在・未来，遺伝・環境，個人・対人・社会・文化といった，おそろしく多岐にわたる要因が複合的に関わって生み出されている。従って，どんなに優秀なカウンセラーであっても，1回のアセスメント・介入で問題解決に到達するのは難しい。ほとんどの場合，アセスメントと介入を何度も繰り返しながら，問題の正しい把握と適切な介入を徐々に目指していくことになる。

　では，これらのアセスメントや介入はどのように行うべきか。できるだけ少ない時間・回数で問題解決に至るには，どうすればよいのか。これを考える際に頼れるのが，これまでの研究の蓄積である。幸いなことに心理学においては，すでに様々な理論や技法に関する科学的知見が蓄積されている。（→本章2）これらを参照しながら，目の前のクライエントの問題を考えることが，正しいアセスメントと効果的な介入を行う上で，最も重要な点である。

2） 研究活動
① 「手探り」のアセスメントと介入

　上記1）で述べた通り，カウンセラーが正しいアセスメントと効果的な介入を行うためには，心理学において，どのような研究がなされ，どのような技法が生み出されてきているのか，最新の知見をおさえておく必要がある。

　ところが心理学も万能ではない。カウンセラーがどんなに丹念に研究論文を読み漁っても，目の前のクライエントに役立つ知識が得られないということが，実際のカウンセリングでは生じうる。つまり，これまでの心理学研究では扱われていない未知のケースということである。たとえそうだとしても，目の前のクライエントが実際に悩んでおり，援助を必要としている以上，「アセスメント法・介入法が確立されていないから，対応できません」というわけにはいかない。カウンセラーは手探りで新たなアセスメント，新たな介入方法を編み出していくことになる。

　実は，このような「手探り」のカウンセリングは珍しいことではない。先にも述べた通り，クライエントの問題は極めて複雑で，一つひとつのケースがみな別物といってもよい。100％未知のケースに出会うことは少ないが，どのケ

1　臨床心理学（clinical psychology）とは

ースも多少は未知の部分を備えている。たとえ心理学の知見に充分通じていたとしても，機械的に解決できる悩みなど一つとして存在しないのである。

②　研究活動の必要性

完全に同じケースが存在しない以上，カウンセラーの判断が最善ではないかもしれない。問題解決につながらない対応をしていたり，他により良い方法があるのを見逃している可能性もある。そこで，カウンセラーは常に自らの判断が最善のものといえるかどうかをチェックし，場合によっては効果研究を行うなど，効果的な実践活動ができるような研究活動をしなければならない。(注4)

また，カウンセラーは自分の担当したケースについて，学会や論文などで報告することも求められている。未知のケースの対処法を広く提案することで，他のカウンセラーやクライエントに役立つことが期待されるほか，より良い対処法の開発につながるからである。(注5)

③　臨床心理学のもうひとつの役割

冒頭で述べたように臨床心理学は，心理学的な知識や技法を応用し，問題解決を支援するための学問である。従って，他の基礎的な心理学から多くの知見を取り込んでいるのは事実である。

しかし，前節で述べたような研究活動を考えた時，臨床心理学のもう一つの役割を認めることができる。それは，他の心理学分野への学問的貢献という面である。つまり，他分野から知見を取り入れるだけではなく，他分野に新たな知見を提供する役割も担っているのである。特に臨床心理学においては，心理的な不調状態に陥った場合のメカニズムに関し，豊富な知見が得られている。また，その不調状態に介入し，どのような変化が生じるかについての報告も多数存在している。こうした臨床心理学研究の中から，基礎的な心理学研究では見出されないような，人間の本質に関わる発見が得られる場合もある。

3）専門活動

ここまで1）実践活動及び2）研究活動として，臨床心理学という学問の中で行われる活動について紹介してきた。それらの活動は，主にクライエントの心理的な要因(感情・認知・信念・行動など)について，学問的な視点から検討されることが多い。しかし既に述べた通り，臨床心理学は人が生きている現実の場

において支援を行う実学であり，学問的研究の中だけで完結するものではない。

例えば，実践活動で出会う現実のクライエントは，独立した人間であると同時に，社会の中で生活をする存在である。クライエントと関わる時には，心理的な要因だけではなく，生物的な要因（身体疾患や遺伝・神経・生理など）や社会的な要因（対人関係・家庭・学校・職場・地域・制度・文化・経済など）を考慮しなければならない。これは心理学を専門とするカウンセラーだけでは手に余る仕事である。必然的に，生物的な面については医師や看護師などの医療職，社会的な面については社会福祉士や児童福祉士等の福祉職や行政職の専門家の協力を仰ぐことになる。もし，学校内でのスクールカウンセリングであれば，担任や他の教員・職員，養護教員，校医などとも連携することになろう。

つまり，カウンセラーが一人のクライエントを支援するためには，様々な他分野の専門家との協力が不可欠といえる。そしてその際には，臨床心理学という学問に対して他分野から何が求められており，実際には何が提供できるのかという点を明確に理解し，（科学的な言葉で）説明できなくてはならない。

臨床心理学の専門家は，上記のような専門活動を行うことで，初めて本当の意味で，クライエントの問題解決への支援を行うことが可能となるのである。

（4）　カウンセリング・心理療法・精神医学との関係

多くの読者が「臨床心理学とどう違うのか？」と疑問を持つ分野がある。以下でいくつか挙げておきたい。

1）　カウンセリング・カウンセリング学（counseling）

カウンセリングとは，言語を中心とした関わりによって，クライエントの持つ問題を解決できるようにカウンセラーが援助する活動一般を意味している。臨床心理学とは独立に，カウンセリングの研究は様々な面（主に教育学的な面）から行われており，多くの洗練された技法が確立されている（例えば，國分，1979）。

臨床心理学においても前述の通り，実践活動は主にカウンセリングの形式で行われる。つまり，カウンセリング研究が提供してくれる技法の恩恵に与っている。ただし，臨床心理学は実践活動だけで完結するものではない。研究活動

1　臨床心理学（clinical psychology）とは

や専門活動も行う必要がある。従って，カウンセリングを専門に行うのはカウンセラーではあるが，臨床心理学の専門家とは言い難い。

2）　心理療法（psychotherapy）

心理療法とは，特定の学派の理論や考え方をもとに，特定の心理的な問題（主に精神疾患）の解決をしようとするものである。その多くは先述の「手探り」のアセスメントと介入の結果として生まれたと考えられる。現在のところ，実証的な研究に基づいた信頼できる技法もある一方で，マジナイの一種のようなものもあり，様々である。従って，臨床心理学において心理療法を利用する際は十分な吟味が必要となる。（→本章2）

なお（全てではないが）多くの心理療法において最も重要なのは，その療法が前提とする理論を十分に理解し，その理論に基づいた技法・手順・決まりを間違いなく実行することである。その一方で，そもそもの前提となっている理論の正しさが検証されることがなかったり，その療法が適用できないクライエントには関心がなかったりもする。こうした点は，臨床心理学の立場（目の前のクライエントの援助を第一とし，特定の技法にこだわらず，客観的なデータに基づく実証研究を重視する立場）とは異なる。従って，何か一つの療法や理論にこだわって援助活動をしようとするのは心理療法家（psychotherapist）ではあるが，臨床心理学の専門家とは言い難い。

3）　精神医学（psychiatry）

精神医学は，各種精神疾患に関する予防・診断・治療・研究等を行う医学の一分野である。精神面での問題を解決したい目的を持つ点では，臨床心理学と精神医学は非常に似ているといえる。しかし，以下のような相違点もある。

①　対象者の違い

精神医学は医学であるため，基本的に対象とするのは病的な状態を示す患者である。何をもって病的とするかは，厳密な診断基準による。診断基準として現在広く用いられているのは，アメリカ精神医学会が作成した**DSM**である。また，世界保健機関（WHO）による ICD が用いられることもある。こうした診断基準は臨床心理学においてもよく用いられ，特に他領域の専門家と協力する場合は重要な枠組みとなっている。(注6)

第12章　臨床

　しかし，臨床心理学は診断基準だけで援助対象を決めるのではない。冒頭にも述べた通り，一人では解決できないような心の問題（悩み）を持つ人が対象なのであるから，精神疾患の場合も含まれるが，それだけではなく，人との関わりであるとか，自分の気持ちや性格であるとか，学業や仕事であるとか，より広い範囲の問題が対象となる。その中には，周囲からは病的どころか，十分元気に見える人も含まれるであろう。ところが，当の本人は困っているのである。このように，外的な基準や周囲の印象とは別に，「本人がどれだけ困っていて，援助を必要としているか」という基準で，援助対象を決めるところが臨床心理学の特徴であろう。(注7)

②　対処方法の違い

　精神医学では，診断が定まれば治療方針もほぼ定まる。臨床心理学の援助方法と重なる部分もあるが，最も違うのは，精神医学では薬物療法などの生物学的な要因に直接働きかける治療が行われる点であろう。その結果，（全てではないが）多くの精神医学的な治療では，カウンセリングによる働きかけは副次的なもので，面接（診察）時間は非常に短い。臨床心理学の実践活動が比較的長期にわたり，1回の面接時間も1時間前後であるのとは対照的である。

　また，学問上の違いではないが，日本では精神医学的な治療には健康保険が適用されるため，費用については比較的安価となりやすいが，臨床心理学的援助には保険が適用できず，高額となりがちである。

③　対象となる症状の違い

　精神医学が対象とするのは，気分障害（いわゆる躁鬱病）や統合失調症等，比較的症状の重いケースが多い。それに対し，臨床心理学はそこまで重篤なケースは単独では扱わず，精神医学の専門家と協力して対処することになる。

　ただし重症の場合であっても，臨床心理学の役割はある。それは，闘病中の患者の精神的負担を軽くする援助や，重症患者がある程度治った後，再発を防ぐ手立てを提供したり，元の生活に戻る際の援助などである。

　従って，臨床心理学と精神医学は，共通の目的を持ちながらも，異なる専門領域として存在しており，専門活動の中で協力しながら，クライエントの援助にあたる必要があるといえる。

2　臨床心理学で用いられる理論・技法について

　前述の通り，臨床心理学の実践活動においては，様々な心理学的理論や技法の他，心理療法やカウンセリングの知見が利用されている。以下では，具体的にどのようなものがあるのかみてみたい。ただし，あまりに数が多いため，ほとんどは概略のみの紹介となる。詳しくは，日本心理学諸学会連合（2009）や下山（2009）などを参照してほしい。

（1）　アセスメントで用いられるもの

　実践活動のアセスメント段階では，まずクライエントをよく理解することが必要となるため，主に以下の3種類の技法が用いられる。これらはどれか一つよりも，クライエントの状態に合わせて種々の方法を組み合わせながら多面的な情報収集を行い，客観的で正確なアセスメントを行うことが求められる。

1）　面接法

　クライエントと会話をすることで，何が問題なのかを理解し，アセスメントするための技法。カウンセリング研究により様々な技法が提案されている。

2）　観察法

　面接法（1））では言語面での情報収集が中心となるが，アセスメントにおいては言語面だけではなく，クライエントの態度や表情など非言語面での観察も必要となる。観察の仕方により，種々の観察法が提案されている。

3）　検査法

　上記の1），2）だけでは得られない情報を収集するため，以下のような検査を併用することが多い。検査についても，どれか一つとは限らず，複数の検査を組み合わせて行うことで（＝**テストバッテリー**），多面的な情報収集が可能となる。

①　性格検査

　クライエントがどのような性格傾向をもつのか知るための検査。（→第11章）

② 知能検査

必要に応じて，クライエントの知能の高さを測定するため，知能検査を実施することがある。(→第7章と第8章)

③ その他の検査

近年は脳科学の発達に伴う様々な神経心理学的検査が開発されている。PETやfMRIなどの脳機能イメージング手法が利用されることもある。

（2） アセスメントと介入の双方で用いられるもの

介入も視野に入れながらクライエントの問題を理解するためには，問題発生の原因やメカニズムについて考える必要がある。正確なメカニズムを知るためには，前述の通り，アセスメントと介入を繰り返していかなくてはならないが，その際に役立つ学問的な知見として，以下のようなものがある。

1） 精神医学的な診断基準

前述の通り，精神疾患の診断は精神医学の中で確立された方法（DSMなど）が提供されている。臨床心理学の実践で出会うクライエントの一部は，こうした診断基準で判断する必要がある。ここでは参考として，DSM-IV-TR（米国精神医学会，2003）における精神疾患の分類（診断カテゴリー）を紹介しておく。(→コラム)

2） 様々な心理療法

臨床心理学では，特定の心理療法にこだわることなく，客観的な視点で有効だと判断できる技法や考え方を柔軟に採用する（折衷主義という）。臨床心理学で利用されている主な心理療法を以下に挙げる（下山，2000； 日本心理学諸学会連合，2009）。

① 精神分析学（psychoanalysis）

フロイト（Freud, S.）によって考案された人間の心理全般に関する理論体系である。理論の中心には，**自我・超自我・イド**などの**無意識**のメカニズムに関する仮説がある。それによると，イドと超自我がそれぞれ発する要求と外界の制約の間の調整を自我がうまく行えなくなった場合，心的葛藤が生じ，その葛藤に対処するための**防衛機制**が適切に機能しなくなると，様々な心理的問題が

2　臨床心理学で用いられる理論・技法について

コラム：DSM-IV-TR に基づく精神疾患の分類と主な疾患名 ＊＊＊＊＊＊＊＊＊

1. **通常，幼児期，小児期，または青年期に初めて診断される障害**
   精神遅滞・学習障害（LD）・広汎性発達障害（PDD）・アスペルガー障害・注意欠陥／多動性障害（AD/HD）等。
2. **せん妄，認知症，健忘性障害，及び他の認知障害**
3. **一般身体疾患による他のどこにも分類されない精神疾患**
4. **物質関連障害**
   アルコール関連障害・カフェイン関連障害・大麻関連障害・コカイン関連障害・ニコチン関連障害等。
5. **統合失調症及び他の精神病性障害**
   いわゆる精神分裂病のこと。
6. **気分障害**
   双極性障害（いわゆる躁うつ病）・うつ病性障害（いわゆるうつ病）等。
7. **不安障害**
   パニック障害・特定の恐怖症・強迫性障害（いわゆる強迫神経症）・外傷後ストレス障害（PTSD）等。
8. **身体表現性障害**
   身体化障害・転換性障害（いわゆるヒステリー）・心気症等。
9. **虚偽性障害**
   いわゆる詐病のこと。
10. **解離性障害**
    解離性健忘・離人症性障害・解離性同一性障害（いわゆる多重人格）等。
11. **性障害および性同一性障害**
    性機能不全・性嗜好異常・性同一性障害（GID）等。
12. **摂食障害**
    神経性無食欲症（いわゆる拒食症）・神経性大食症（いわゆる過食症）等。
13. **睡眠障害**
    原発性不眠症・原発性過眠症・概日リズム睡眠障害・睡眠時随伴症（悪夢障害・睡眠驚愕障害・睡眠時遊行症）等。
14. **他のどこにも分類されない衝動制御の障害**
    窃盗癖・放火癖・病的賭博・抜毛癖等。
15. **適応障害**
16. **パーソナリティ障害**
    反社会性パーソナリティ障害・境界性パーソナリティ障害・自己愛性パーソナリティ障害・依存性パーソナリティ障害・強迫性パーソナリティ障害等。
17. **臨床的関与の対象となることのある他の状態**

発生するという。そこで，そうした状況を解決するため，不適切な防衛機制を修正し，葛藤を意識化させることが介入の目的となる。この精神分析学は，フロイト以後も様々な後継者が生まれ，あらゆる心理療法に影響を与えた。

② **分析心理学**（analytical psychology）

ユング（Jung, C. G.）による精神分析理論である。外界に対応するための自我の側面（ペルソナ）を基本とし，そのペルソナとは逆の性質を持ち，無意識にあって意識にのぼりにくいシャドー（影）を抑圧した場合，無意識と意識の相補性（バランス）が崩れ，様々な心理的問題が生ずるとした。従って介入の際は，自己を中心に無意識の深層を意識に統合し，心の全体性を回復することが目的となる。

③ **行動療法**（behavior therapy）

学習理論（→第3章）に基づいて問題行動を変容させる技法。問題となる行動（不適応行動）は，通常の（適応的な）行動と同様，学習の原理によって獲得されてしまったものと考える。従って，学習訓練手続きを用いることによって，不適応行動を消去し，それに替わる好ましい行動を新たに形成するような働きかけを行うことが介入の目的となる。

④ **認知行動療法**（cognitive-behavioral therapy）

人間の認知（ものの見方や考え方）・行動・情動・生理の各側面は相互に影響を与えあうという前提のもと，各側面に多面的な働きかけ（介入）を行うことで，それぞれの変容を起こすことを目的にした心理療法。近年その効果が認められ，広く利用されるようになっている。

⑤ **来談者（クライエント）中心療法**（client-centered therapy）

ロジャーズ（Rogers, C. R.）によって提案されたカウンセリング理論。人間は，一人ひとりが基本的に健康で，成長と自己実現に向かう可能性を持った存在であると考える。心理的に不健康な状態とは，自己実現という本来の傾向が弱くなっている場合であるため，クライエントの潜在力と主体的能力を尊重し，内在する自己実現傾向が促進されるように援助することが介入の目的となる。

⑥　**家族療法**（family therapy）など（**システムを生かした心理療法**）

　心理的な問題をクライエント個人ではなく，クライエントが属する集団（システム）の問題として捉えるもの。家族という集団のシステムを対象とする**家族療法**が代表的である。家族療法の考え方によれば，家族メンバー間のコミュニケーションや家族システムにおける関係の歪みの中にクライエントが位置し，その状況が維持された場合，その関係の歪みがクライエントの様々な心理的問題として示されるという。従って，システム全体の歪みや問題を解決することが介入の目的となる。

⑦　**コミュニティ心理学**（community psychology）

　上記⑥のシステム的な考え方をさらに拡張し，クライエントが生活する社会的な環境（コミュニティ）を重視したもの。コミュニティの持つ生活状況・生活様式・社会制度・物理的条件といった様々な環境要因と，クライエントの個人要因の相互作用に心理的問題が形成されると考える。コミュニティのシステム全体を捉え，環境と人の両面に働きかけることが介入の目的となる。

⑧　**日本で生まれた心理療法**

　上記以外にも，日本で生まれた心理療法が利用されることもある。古くからあるものとして，**森田正馬**（もりた・まさたけ）による**森田療法**や，**吉本伊信**（よしもと・いしん）による**内観療法**のほか，近年登場したものとして，**成瀬悟策**（なるせ・ごさく）の**臨床動作法**や，**國分康孝**（こくぶ・やすたか）の**構成的グループエンカウンター**（SGE）などが知られている。

3　さらに臨床心理学を学んでみたい人へ

　冒頭でも述べたが，本章をここまで読むと，読者がこれまで持っていた臨床心理学のイメージとは異なる印象を持たれるかもしれない。

　実際のところ，臨床心理学は科学であり，実証研究に基づいた効果的な技法を使い分けてクライエントの援助をする分野である。まず何より，心理学の基礎的な知識や，科学的な研究方法に精通しなければ成り立たない。しかしその

第12章　臨床

一方で，面接法や観察法など，対人場面でのコミュニケーションスキルが非常に高いレベルで求められる分野でもある。端的に言えば，非常に難しい。ただ，この難しさは，全てクライエントの援助という第一の目的があるからである。その意味でハードルは高いが，完璧ではなくても（「手探り」の状態でも），それが達成できた時の喜びは特別なものがある。

また，本章は臨床心理学を中心にして述べているが，心理療法あるいはカウンセリング学を中心に据えれば，また異なったカウンセラー像が見えてくるはずである。カウンセラーを目指す読者は，まず手近な活動（ピアカウンセリングなど）から始めてみるとよいかもしれない。そして可能であれば，さらに高度な技能や資格に挑戦してみるとよいであろう。

(注1)　例えば，アメリカでは軍隊における選抜試験として知能検査が開発され，これが現在の心理検査につながっている。また，帰還兵の**心的外傷後ストレス障害**（PTSD；当時は戦争神経症などと呼ばれた）への対応が現在の心理療法や臨床心理士制度につながっている。また現在の日本においては，不登校・いじめ・虐待など教育面での要請や，阪神大震災・東日本大震災などの被災者支援（心のケア）要請があり，これらに応えることが求められている。

(注2)　なお，クライエントとカウンセラーという呼称について，以前は医学の影響から，患者（patient）・治療者（therapist）と呼ぶこともあったが，現在ではまずそのような呼び方はしない。臨床心理学における実践活動は，治療でも矯正でもなく，クライエント自らが自分の問題に気づき，自分で解決できるようになることを目的とした，援助活動だからである。また，患者という用語には病的なニュアンスがある。臨床心理学における援助は，決して病的な問題だけを対象とするわけではなく，その人本来の能力をさらに高めていくための援助も含まれるという点で，患者ではなく，クライエント（＝依頼人）なのである。

(注3)　もう少し正確にいうと，クライエントが何らかの問題（悩み）を抱え，自分では解決できない状態にあるとすれば，何か本人が気づいていないメカニズムによって，そうした問題が維持されていると考えられ，そのメカニズムは何なのか特定することがアセスメントにあたる。もし，そのメカニズムが特定できれば，それを変化させ，問題が維持されないような状態にする方法を考えることもでき，介入が可能となるのである。

3　さらに臨床心理学を学んでみたい人へ

(注4)　こうした研究活動は，客観的なデータに基づく科学的な実証研究であることが求められる。例えば効果研究は，何らかの介入を行ったことが問題解決に寄与したかどうかを，事前・事後の適切な客観指標（基本的には数値データ）によって比較できなければならない。その際，手続きや指標の信頼性や妥当性，また研究倫理上の問題をクリアすることなどの配慮が必要となる。

(注5)　こうした研究活動は事例研究（case study）と呼ばれる。それぞれのケースは個別で特殊なものかもしれないが，他の似たケースなどとも比較し，詳しく分析することにより，普遍的な法則や理論を導き出せることもある。また，人の悩みというのは数値の平均では捉えきれない部分もあるため，現実の個別事例をもとに考察した方が的確であると考えることもできる。

(注6)　現在のDSM（Diagnostic and Statistical Manual of Mental Disorders）の最新版は1994年に発表されたDSM–IVと，その修正版であるDSM–IV-TRである。2013年にDSM–Vの発表も予定されている。またICD（International Statistical Classification of Diseases and Related Health Problems）の最新版は，1990年に発表されたICD‐10であり，その後も改訂が続けられている。いずれも医学書院から日本語版が出版されている。

(注7)　ただしどんなに困っていても，カウンセラーが援助することでクライエントが怠けてしまうなど，本人のためにならないと思われる場合は，援助すべきではない。最終的には本人が今後経験する困難に対して，一人で立ち向かっていけるようにするという視点が臨床心理学にはある。

第12章　臨床

Smith, E. E., Nolen-Hoeksema, S., Fredrickson, B. L., Loftus, G. R. (2003). Atkinson and Hilgard's Introduction to Psychology (14 th edition). Belmont, CA : Wadsworth Thomson Learing.
　現在の国際標準の心理学を知るためには良い教科書です。最新版を探すのがいいでしょう。

下山晴彦　(2010)．これからの臨床心理学　東京大学出版会
下山晴彦（編）（2009）．よくわかる臨床心理学　（改訂新版）　ミネルヴァ書房
　臨床心理学について書かれたテキストは数多くありますが，最も的確で，親切に書かれていると思います。今回の臨床心理学の章を書く上でも，かなり影響を受けています。とりあえず，もう少し詳しく日本の臨床心理学の現状を知りたければ「これから〜」のほうで，さらに詳しく知りたければ「よくわかる〜」のほうを読むことを薦めます。

【設問】　第12章

1）　アセスメントと介入について説明してみよう。
2）　臨床心理学に研究活動と専門活動が必要な理由を述べてみよう。
3）　カウンセリング・心理療法・精神医学はそれぞれ，どのような点が臨床心理学と違うのか，説明してみよう。
4）　臨床心理学において利用されている心理療法の中から一つを選び，それがどのような理論や考え方の上に成り立つものなのか，文献などを参考にしてレポートにまとめよう。
5）　代表的な精神疾患として，統合失調症と気分障害があるが，それぞれどのような疾患なのか，文献などを参考にしてレポートにまとめよう。
6）　カウンセラーになるためには，どのような方法があり，またどのような資格が必要なのか，インターネット等を参考にしてレポートにまとめよう。

第13章
教育

　いじめ，不登校，校内暴力，退学，学習障害・注意欠陥多動性障害・アスペルガー症候群などの問題を持ち，学習や生活の面で特別な教育的支援を行う特別支援など，学校では取り組むべき様々な問題や課題がある。

　そのため，子どもたちの理解と適切な指導のあり方は，それぞれの原因と理論だけでなく，実際にどのようなアプローチが可能であるかを慎重に検討する必要が求められてくる。

　そこで本章では，学校現場で喫緊の課題となっているいじめと不登校を取り上げる。

（原田　恵理子）

第13章　教育

1　いじめ

　1994年に文部省初等中等教育局は,「自分より弱いものに対して一方的に,身体的・心理的な攻撃を継続に加え,相手が深刻な苦痛を感じているもの」をいじめと定義した。そのため,客観的に判断される行為や勝手な憶測によっていじめは判断されず,被害者がどのような心理状態にあるかという気持ちが重視されることになった。

（1）　いじめの実態と特徴

　1994年に起きた中学2年生のいじめを苦にした自殺に端を発し,いじめは社会問題として注目され,同年12月には「いじめ対策緊急会議緊急アピール」で「社会で許されない行為は子どもでも許されない」といった強いメッセージが出された。しかし,いじめの発生件数は未だに2万件以上で,特に中学生が多い。2010年度の東京都の調査では,いじめは増加傾向にあり,小5,中1,高1でその認知度が高く,全ての校種で男子の方が多い。いじめの具体的な内容は,冷やかし・からかい,言葉の脅し,暴力,仲間はずれなどがあり,種類は以下のように大別できる。

1）　排他的ないじめ

　仲間はずれや無視,ばい菌ごっこなど,自分たちとは異なるものを排除する傾向で,突然理由もわからずに排除されることもある。グループ,クラスにとどまらず,他クラスや他学年,部活動にまで広がり,場合によっては小学校から中学校へといじめが引き継がれることも少なくない。いじめられている人をかばうと次は自分がターゲットにされる不安があり,誰かがいじめられている間は自分がされないという安心感があるため,かばうことがなく,いじめられないようにするためにいじめに加担することもある。

2）　支配的ないじめ

　グループ内の誰かをいじめることで連帯感を高め,グループ集団の安定性を

維持するスケープゴートが行われる。一見仲良く見えるグループ内に序列があり，リーダーの指示には逆らえず，いじめられている人はグループを離れることが許されない。その一方，離れることで孤立するといった弱みを他者に見せたがらない。メンバー内でいじめのターゲットが固定される場合もあるが，次々と変わることもある。他グループはこの状況に気づいても干渉しない。

3） 愉快犯的ないじめ

ストレス社会を背景に，持ち物を隠す，壊す，落書きする，悪口を言いふらすなどのいじめが増大している。特定の人の持ち物ばかりということもあるが，不特定の人の持ち物がなくなったり，壊されたりすることもある。リーダー格や加担している人は誰かが見えやすい排他的・支配的ないじめと違い，愉快犯的ないじめは加害者が見えにくく，緊張を強いられやすい。いじめを防ごうと介入した人や，犯人の疑いをかけられた人がいじめに遭う場合もある。

近年では，パソコンや携帯電話などで誹謗中傷や嫌がらせ，一人だけ着信を拒否されるなど，子ども社会にも情報化の波が押し寄せ，いじめの質は大きく変わってきている（武田，2007）。その質は情報の進歩とともに手口も進化し，より複雑で解決が困難になり，学校現場でも対処に苦慮している状況にある。

これらのいじめは，しているほうは遊び半分で罪悪感が乏しい。しかし，されたほうは友達に裏切られたという意識を持ち，孤立や孤独感から**自尊心**を低める，うつ状態，**PTSD（心的外傷後ストレス障害）**に陥る，人間不信による過剰反応からトラブルを起こす，といったことが生じやすくなる。また，不登校，引きこもり，神経症圏の症状，うつ病を発症して自殺をすることもあり，その打撃は大きい。

（2） いじめの構造

いじめは，ある集団が特定の1人，あるいは2人をいじめることが多い。その集団は，仲良しグループや部活動，時にはクラスの大半といったこともあり，同調意識が高い。次頁**図13-1**に示したように，森田・清水（1994）は，いじめる立場といじめられる立場の2者関係と理解された関係を「傍観者」「観衆」「加害者」「被害者」という「いじめの4層構造論」を明らかにした。

第13章 教育

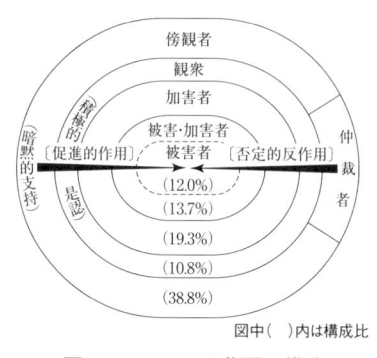

図13-1 いじめ集団の構造
(森田・清水, 1994)

図中( )内は構成比

傍観者
観衆
加害者
被害・加害者
被害者
(12.0%)
(13.7%)
(19.3%)
(10.8%)
(38.8%)

暗黙的支持／威嚇的／〔促進的作用〕／是認／〔否定的反作用〕／仲裁者

そして，いじめをはやしたてて面白がる「観衆」と周囲で見て見ぬふりをする「傍観者」の存在は，いじめを抑制する，あるいは助長する重要な要因であることを指摘した。どちらの場合も，いじめられる立場からは，いじめの加害者と同様の立場の存在として受け止める傾向にある。

（3） いじめの原因

いじめのきっかけを特定できても，その原因を社会，学校，家庭のいずれかに特定することは難しく，全てが関わりあってくる（次頁**表13-1**）。

また，青年期の交友活動の発達的変化を調査した榎本（2003）は，青年期の友人関係は，同質性の重視から異質性を受け入れた関係に変化していくことを指摘している。中学生女子は，トイレに一緒に行く，好きなテレビ番組やアイドルの話をする，といった趣味や行動の類似性を重視した「親密確認活動」，中学生男子は友人と一緒に遊ぶ，一緒にいる，といった類似の行動を重視した「共有活動」が主で，中学時代は男女とも一緒であることが重視された同質的な友人関係の状態となる。その後，高校生女子は，長電話やカラオケなど自分達の世界を持った絆を形成する「閉鎖的活動」が主となり，大学生男女ともに価値観や将来について話すなど，互いの相違点を認めて尊重する異質性を受け入れる関係である「相互理解活動」を築くようになっていく。このような青年期の友人関係の変化は，いじめに影響していることが考えられる。

（4） いじめへの対応

いじめは，エスカレートする前の早期発見・早期介入が重要で（大友，2002），いじめを予防することにも力を入れる必要がある。いじめられている子へのカウンセリングはもちろんであるが，いじめている子やその周囲にいる児童生徒への対応も重要になってくる。

2 不登校

表13-1　いじめの背景にある社会・学校・家庭の問題

社会	・異質性を排除し，同質志向に捉われる傾向が強い ・社会的規範が薄れ，個人より私的な欲求を充足する傾向が高い ・受験や成績評価などによるストレス ・個人や表現の自由に重きがおかれ，責任や人権，道徳性を無視した内容や暴力及び性的場面の規制が緩いマスメディアの報道 ・地域社会の密着した関係性の欠如
学校	・子どもの心や発達が理解されていない ・子どもへの適切な支援や対応の遅れ ・教師が業務に追われて子どもと向き合う時間が減少 ・問題の原因を家庭に帰属させる傾向が強い教師 ・子どもの対人関係の希薄さ ・集団が個を育てる機能が低下し，いじめを抑制する力が弱くなった
家庭	・基本的な生活習慣の欠如 ・親の養育行動 ・親子間及び家族間のコミュニケーション不足 ・個々人の欲求の充足の重視 ・核家族化

　そのため，思春期から青年期にかけて，異質性を受け入れにくいこの時期に予防や発達促進的な観点から，**ソーシャルスキルトレーニング（SST）やピアカウンセリング，構成的グループエンカウンター（SGE）といった心理教育**を行うことが必要になってくるといえる。

2　不登校

　不登校は12万人を超え，増加現象に歯止めはかかったが，依然として憂慮すべき問題とされている。その間にも様々な角度から原因やきっかけを検討し，対応がなされてきたが，不登校の原因については特定することが困難である。ここでは不登校について考えてみたい。

第13章　教育

（1）　不登校という言葉の意味

　保坂（2000）によると，まずは，従来の怠学児とは異なる神経症的症状を持つとするイギリスのブロードウィン（Broadwin, 1932）及びアメリカのパートリッジ（Partridge, 1939）の怠学研究を皮切りに，ジョンソンら（Johnson et al., 1941）が新たな情緒障害として「学校恐怖症」（school phobia）と名付けたことに始まるとされている。その後，学校病（school sickness），学校嫌い（reluctance to go to school），学校恐怖よりも母親との分離に対する不安が問題との考えにある登校拒否（refusal to go to school）と変遷を経て，カーン（Kahn, 1958）が病理はそれほど特殊なものではないという理由で名称を用いた登校拒否（school refusal），不登校（non-attendance at school）という用語を使用した。国内では，佐藤（1959）が「神経症的登校拒否」，鷲見（1960）が「学校恐怖症」の名称を用いて研究報告し，1970年以降は登校拒否，1980年以降に登校拒否と並んで不登校が使われるようになった。そして，1989年の文部省学校不適応対策調査研究協力者会議が，登校拒否は誰にでも起こりうるという考えを打ち出して以来，「**不登校**」という用語が定着した。

（2）　不登校の実態

　2009年度の学校基本調査によると，病気や経済的理由などを除いて年間30日以上学校を欠席した全児童・生徒は全体の1.15%にあたる12万2432人で，前年比で4373人，3.4%減少した。特に，中学校は4,048人減少の10万105人で減少が顕著であった。環境の変化により例年不登校が増加する中1は，765人減の2万2384人だった。文部科学省は，これらの実態について，スクールカウンセラーや学校内の研修・事例研究などの成果であると指摘しているが，小1から学年進行とともに中3まで増加の一途を辿っており，より具体的な支援対策が求められている。

　不登校のきっかけについては，「本人に関わる問題」が43.2%で最多，次いで「友人関係」が17.7%，「親子関係」11.4%，「学業不振」が10.3%と続き，「いじめ」は2.6%であった。しかし，いじめがあってもいじめを認めない，あ

2 不登校

るいは友達とのトラブルやけんかといったように,教師によって主訴の捉え方が変わることも考えられる。不登校の背景要因が社会的・学校的・家庭的要因や子どもの性格などは重層化し,相互に作用しあった結果として不登校という現象が生じているため,友だち関係や教師関係,学習,いじめとの関連など多角的に分析し,発達的観点から支援していく必要がある。

(3) 不登校の背景

1)「学校を休む」ことに対する社会的容認

小学校や中学校においては,30日以上の長期欠席者及び不登校の児童生徒を対象に,現在では「**適応指導教室**」「**保健室登校**」「**別室登校**」「**相談室登校**」といった支援がなされている。また,怠学・非行など脱落型の不登校の中には,家庭環境が整わない,虐待といった児童福祉の援助を受けざるを得ない例もある。さらには,外国人の子どもの就学,発達障害など,個別の支援を必要とする子ども達が学習や対人関係などでつまずき,学校が嫌になる回避感情に影響され,不登校へと移行する場合もある。多くの場合,教職員は「登校刺激」を与えず,休んで様子を見守るといった消極的な初期対応をしがちである。このような状況が,登校回避感情をあおり,「学校を休む」ことを容認し,「昔も今もあった家庭・学校生活の問題性(負荷)につまずいて,登校を習慣の中に繰り込むことができなくなった」と,不登校児童生徒の増加について指摘されている(滝川,1994)。つまり,本来は乗り越えられる,あるいは乗り越えて身につく力が,解決されないまま先伸ばしされ,より一層,問題や課題が複雑で困難になってしまうともいえる。一方,高等学校においては単位制であるため,義務教育で実施されているこのような制度や考え方は教員に認められにくい傾向にあり,欠席が続けば進級に関わり退学や転学を選択しなければならない。

3　仲間関係の発達

　児童期から思春期にかけての仲間関係の発達において，いじめがきっかけで仲間から孤立する・離脱するという側面が，不登校の誘因にもなる。

　小学生（児童期後半）は，同じ遊びを一緒に過ごす同一行動による一体感が重視され，大人がやってはいけないということを仲間と一緒にやる**ギャング・エイジ**の時期である。この親密性が相手を受け入れているということにつながるため，遊びを共有できないものは仲間はずれにされてしまう。

　中学生（思春期前半）では，同じ興味・関心などを通じて同性の同輩集団の関係が結ばれ，互いの共通性や類似性を確かめあう関係が基本にある**チャム・グループ**の時期である。そのため，その集団でしか通じない言葉や話題を作り出し，通じるものだけは仲間と境界が引かれ，この一体感が仲間に対する忠誠心を生み，ここから孤立することを極端に恐れ，主張したいことと逆のことを言う，主張を回避して感情が不安定になるといった様子が多く見られる。この様子は，女子に特徴的に見られる。

　高校生（思春期）では，共通点や類似点だけでなく，互いの価値観や理想・将来の生き方などを語り合う関係が生じ，他者との違いを明らかにしながら自己を築き，確認していくプロセスが見られる「同等」という意味を含んだ**ピア・グループ**の時期である。異質性を認めることが特徴であることから，集団が男女混合で，年齢に幅がある場合もありうる。

　これらの集団は，異質性が認められるようになるまで，仲間集団に対して同じであるように仲間からの圧力（Peer pressure）がかかる（ブラウン Brown, 1989）。特に，ギャング・グループやチャム・グループにおいては，同一であることが強調されるため，ゲーム的な仲間はずれや固定あるいは順番に仲間を外す，けんかなどが生じやすい。このような対人関係のトラブルは必然的に生じ，この状況から子ども達も学ぶことが多く，心理発達上必要なプロセスである一方，問題を解決していくための支援も重要になってくる。

3　仲間関係の発達

表13-2　不登校に対する基本的な考え方について（文部科学省，2003より）

1　不登校に対する基本的な考え方

① 将来の社会的自立に向けた支援の視点
　不登校の解決の目標は，児童生徒の将来的な社会的自立に向けて支援することであること。したがって，不登校を「心の問題」としてのみとらえるのではなく，「進路の問題」としてとらえ，本人の進路形成に資するような指導・相談や学習支援・情報提供等の対応をする必要があること。

② 連携ネットワークによる支援
　学校，家庭，地域が連携協力し，不登校の児童生徒がどのような状態にあり，どのような支援を必要としているのか正しく見極め（「アセスメント」）を行い，適切な機関による支援と多様な学習の機会を児童生徒に提供することが重要であること。その際には，公的機関のみならず，民間施設やNPO等と積極的に連携し，相互に協力・補完し合うことの意義が大きいこと。

③ 将来の社会的自立のための学校教育の意義・役割
　義務教育段階の学校は，自ら学び自ら考える力なども含めた「確かな学力」や基本的な生活習慣，規範意識，集団における社会性等，社会の構成員として必要な資質や能力等をそれぞれの発達段階に応じて育成する機能と責務を有しており，関係者はすべての児童生徒が学校に楽しく通うことができるよう，学校教育の一層の充実のための取組を展開していくことがまずもって重要であること。

④ 働きかけることや関わりを持つことの重要性
　児童生徒の立ち直る力を信じることは重要であるが，児童生徒の状況を理解しようとすることもなく，あるいは必要としている支援を行おうとすることもなく，ただ待つだけでは，状況の改善にならないという認識が必要であること。

⑤ 保護者の役割と家庭への支援
　保護者を支援し，不登校となった子どもへの対応に関してその保護者が役割を適切に果たせるよう，時機を失することなく児童生徒本人のみならず家庭への適切な働きかけや支援を行うなど，学校と家庭，関係機関の連携を図ることが不可欠であること。

（1）　不登校への対処

　不登校が継続している理由は，「いじめを受けている」「クラスに馴染めない」「教職員との人間関係」「授業が分からない」「遊びや非行に入っている」「無気力」「登校の意志はあるが身体の不調や情緒の混乱により登校できない」「学校に行く意義が認められない」といったことが挙げられている。

　しかし，その一方で，不登校児童生徒の約30%が学校から指導を受けた結果，復帰している（文部科学省，2010）。小学校では「登校を促すため，電話をかけたり迎えに行くなどした」「保護者の協力を求めて，家族関係や家庭生活の改善を図った」，中学校では「家庭訪問を行い，学業や生活面での相談に

乗るなど様々な指導・援助を行った」「登校を促すため，電話をかけたり迎えに行くなどした」が，有効な措置と報告されており，不登校児童生徒に対して，教師が何らかの形で接点をつくって支援したことが復帰につながったといえる。

　この不登校への対応については，文部科学省（2003）が「不登校に対する基本的な考え方」で示されている（前頁表13-2）。なかでも「②連携ネットワークによる支援」は，公的機関として教育委員会が設置している「適応指導教室」「**教育センター**」がある。適応指導教室は，文部科学省が2007年より教育支援センターとし，不登校支援の地域の中核となるように位置づけ学習活動・体験活動・小集団活動をしながら学校生活へ復帰させている。教育センターは，主に面接を通して課題解決することを目指す施設で，どちらも在籍校と連携して支援が行われている。これ以外に，民間やNPO団体の施設を利用する児童生徒，サポート校や通信制などへ進路を変更する高校生も増え，支援のあり方は多様化している。また，文部科学省は平成7年度より校内に**スクールカウンセラー**を配置し，教育相談体制の充実を図っている。これ以外の新たな施策として，年間授業時数の削減，独自の授業科目といった教職課程の弾力化を不登校対策事業として中学校で行っているところがある。

　不登校児童生徒への支援の働きかけは，**カウンセリング**（スクールカウンセラー，教育センター），**集団生活**（適応指導教室等），保健室登校・相談室登校といった別室登校や放課後，行事への参加といった**部分登校**，**学習の継続**など，学校復帰を念頭に置きながら，児童生徒の状況に応じた支援がなされる。いずれにしても，不登校児童生徒の状態を把握した上で，社会的自立が将来できるようにその子の歩みを尊重し，成長を促進させる支援をすることが重要になってくる。そのためには，保護者の持つ力を引き出しして支持しながら家庭・学校・専門機関が協力し，児童生徒を支援する体制が求められる。

3　仲間関係の発達

コラム：ソーシャルスキルトレーニング（SST）の実践例 ＊＊＊＊＊＊＊＊＊＊

　近年，高等学校では，対人関係のトラブルによるいじめ，不登校，退学，心身の不安定などに対して，コミュニケーション能力を育む必要性が求められ，予防・開発的な観点から心理教育が始まっている（原田・渡辺，2009）。ここでは，感情の認知に焦点をあてたSSTの実践例を紹介する。このSSTは，自分の感情の気づきに気づいてコントロールするというメタ認知の観点が重視され，感情を言語化すること（話す・書く）によって感情のバランス化を図り，ソーシャルスキルと自尊心を促進することが目的とされている。そして，怒りや自尊心といった感情自体をコントロールすることがターゲットスキルに含まれている。

　例えば，「自尊心」は次のような展開で授業が行われる。

　最初に，「自尊心」の定義ついて説明し，生徒にとって身近な例を示す（インストラクション）。そして，教師自身が自尊心について語り，自尊心の捉え方を生徒に体験させる。自分自身のいいところをワークシートに記入させ，自分の自尊心に気づかせる（モデリング）。その記入したワークシートに基づいてグループメンバーで自尊心について話し合い，友達から感想を聞いた後，自分の改善点とその理由をワークシートにまとめる（リハーサル）。最後に，その改善点を繰り返し練習することを勧め（ホームワーク），(1)自尊心は肯定的・否定的といった両側面がある，(2)友達の感想を通じて様々な視点から自尊心を捉えることができる，(3)この時期に「自分のよさ」「なりたい自分」に気づく重要性を知る，(4)自分に価値があり，普段の行動を大事にすることが自尊心を高める，といった授業のポイントを確認する（フィードバック）。

　実際に，授業を受けた生徒からは，朝ごはんを毎日食べる，熟睡する，ベストをつくす，思いやりがある，仲間のプレッシャーに我慢するなど，自分について振り返るなか，「こんなことを褒めていいのか」「当たり前のことなのでは」という意見や感想が出されていた。しかし，生徒の大半が普段の生活や自分自身を振り返り，友達の肯定的な意見を聞くことにより自分を再発見・再確認する体験ができたようである。

　高校生は，自尊心が低くなりやすい時期である。そのため，対人関係のスキルを高めながら自尊心をほどよく獲得するSSTは，いじめや不登校，退学といった問題予防と同時に，自分を認め受け入れる体験を通して発達課題を獲得する開発的な支援プログラムとなる。学校や生徒の実態，質問紙などアセスメントに基づいて，校内支援体制のもと実施されることが求められる。

第13章　教育

【設問】　第13章
1）　なぜ不登校になるのか，青年期の発達の背景から考えてみよう。
2）　「不登校」「いじめ」の児童生徒に対するアセスメント（状況の情報の収集）にはどのような方法がありますか。
3）　「不登校」「いじめ」に対して，あなたはどのような支援を行うでしょうか。

第14章
ヒューマンエラー

　「誤りは人の常（To err is human）」と言われるように，ヒューマンエラーは昔から，そしていつも人と伴にあり，時には大事故の原因として人を悩ませてきた。しかし，ヒューマンエラーは人の欠陥であり，克服すべきものなのだろうか。なぜ，進化の過程でヒューマンエラーのメカニズムが人の中から消えてなくならなかったのだろうか。

　本章では，まず違反と対比しながらヒューマンエラーの定義を考えることにより，ヒューマンエラーのネガティブな側面だけではなく，ヒューマンエラーの意味やポジティブな側面だけではなく，ヒューマンエラーの意味やポジティブな側面にも目を向ける。

（重森　雅嘉）

第14章　ヒューマンエラー

1　ヒューマンエラーの定義

　失敗，ミス，誤り，過誤，エラー，違反等ヒューマンエラーに関連する言葉はたくさんあるが，これらをすべてヒューマンエラーと考えてよいだろうか。ヒューマンエラーとはどういった行為を指すのだろうか。
　例えば，赤信号の交差点に車が進入してきたとする。これは信号違反であるが，言葉通り違反でよいだろうか。特に区別することなく，違反でもあり，ヒューマンエラーでもあるのか。もしくは名前は違反ではあるが，ヒューマンエラーと捉えた方が適切なのだろうか。もし，ドライバーが赤信号に気づいていたにも関わらず，急いでいたため故意に交差点に進入したのならば，違反と考えるのがよいかもしれない。しかし，もしドライバーが信号を見落としたり，青だと見間違ったりして進入したのであればどうだろうか。これも同じ違反だろうか。もし，ドライバーが赤信号の交差点には進入してはいけないというルール自体を知らなかったのだとしたらどうだろう。この場合は，そもそもそんなドライバーが車を運転すること自体が間違っているわけだが，しかし，そこは置いておいて，このドライバーが赤信号の交差点に進入したという行為は違反だろうか，ヒューマンエラーだろうか，それともそのいずれでもないのだろうか。さらに，もしドライバーがあえて事故を引き起こし，混乱を引き起こすことが目的で赤信号の交差点に故意に進入したのだとしたら，どうだろう。
　赤信号の交差点に進入するという現象は同じであっても，それをヒューマンエラーと考えるかどうかを決めるには，「ヒューマンエラーとは何か？」を明らかにしておく必要がある。このように，ある物事について考える場合，みんなが同じ物事について考えられるように最初に定義をはっきりさせておく必要がある。しかし，ヒューマンエラーに限らず，特に心理学で扱う現象の定義は厄介な場合が多い。客観的な現象だけでなく，行為の動機や意図がどういうものだったのかなど，定義したり測ったりしにくいことが関係しているからである。とはいえ，ヒューマンエラーについて考えるにあたり，まずは主要な定義

1 ヒューマンエラーの定義

を参考にヒューマンエラーの枠組みをつかんでおこう。

（1） エラーの基準

ヒューマンエラーは，ヒューマン（人間）のエラー（逸脱）である。逸脱というからには，何からの逸脱であるのか，逸脱する基（基準）が必要になる。すなわち，ヒューマンエラーを定義するには，基準がなんであるかが問題となる。

（2） 工学的定義

SwainとGuttmannは，ヒューマンエラーを「システムにより規定された許容可能なパフォーマンス範囲を超えた行為」と定義している（Swain & Guttmann, 1983, p.2-7）。これは客観的な現象に基づいた定義である。基準は，システムにより規定された許容可能なパフォーマンス範囲である。例えば，前述の信号違反では，道路交通システムにより規定されている許容可能なパフォーマンス範囲は，「赤信号では交差点に進入しない」である。従って，その範囲を超えて交差点に進入した行為はすべてヒューマンエラーとなる。これは，どうしようと思ったか（意図）などという難しい問題を考慮せず客観的な現象を基準としているため分かりやすい。しかし，故意に赤信号の交差点に進入した違反もうっかり信号を見落としたミスもまとめてヒューマンエラーというのは，心理学的にヒューマンエラーを検討する際には少し乱暴である。

（3） 心理学的定義

Reasonは，ヒューマンエラーを「意図した一連の心的または身体的活動のうち，何らかの偶発的な作用以外の要因で，意図した結果を成し遂げることができなかった事象の総称」と定義している（Reason, 1990, p.9）。この定義の基準は，意図した結果である。例えば，前述の信号違反の例では，ドライバーが赤信号に気づいていたが故意に進入した場合は，ドライバーの意図は赤信号の交差点に進入するというものであり，結果もその通りであったので，ここには意図した結果からの逸脱は存在しない。従って，これは違反ではあってもヒ

ューマンエラーには該当しない。これに対し，赤信号を見落としたり，青だと見間違って進入したりした場合は，ドライバーの意図は青信号の交差点に進入することだったにも関わらず，結果は赤信号の交差点に進入したことになるので，ここには意図した結果からのエラー（逸脱）が存在する。従って，この場合はヒューマンエラーと言える。後の2つの場合については，それぞれ考えてみてもらいたい。ルール自体を知らなかった場合がヒューマンエラーに該当するのかどうかは大変難しい。

　ヒューマンエラーの厳密な定義は難しいものであるが，ここでは心理学的にヒューマンエラーを検討していくのであるから，意図的な違反と意図から外れたヒューマンエラーを区別できるReasonの定義を一応の目安として考えていきたい。

2　ヒューマンエラーのメカニズム

　そもそも，人はなぜエラーするのだろうか。ヒューマンエラーは人間の欠陥であり，たびたびヒューマンエラーを起こす人は欠陥人間なのだろうか。
　ヒューマンエラーは，意図した結果からの逸脱である。だから，逆に意図したことが判断や行為として実行されていれば，意図通りの結果が得られ，ヒューマンエラーは生じない。では，なぜ意図した判断や行為が実行されず，意図したこととは違う判断や行為が実行されるのだろうか。そして実行された意図とは違う判断や行為とはどういうものなのだろうか。

（1）　基本的な判断や行為の仕組み

　そもそも人がある場面において行う判断や行為は，その場面の中にある様々な情報を五感で受け取り，受け取った情報が場面に適した判断や行為の知識やスキルを記憶から引き出すことにより実行される（次頁**図14-1**）。ある場面でたびたび生じる行為は，その場面に含まれる情報と記憶されている行為の知識やスキル間の連想が強くなるため，特に意識しなくても反射的にやり方が頭

2 ヒューマンエラーのメカニズム

に浮かんだり，体が動いたりする。例えば，車を運転する人は，運転席に座れば運転席場面に含まれる情報がシートベルトを締めたり，キーを差し込んで回したり，サイドブレーキを外したりという一連の動作が次々に引き出されるのを日々経験しているだろう。これらの行為は習慣化されていて，ほとんど意識しなくても自動的に体が動く。しかし，このような行為の知識やスキルは始めから記憶されていたわけではない。運転を習い始めた頃は，いちいち次の行為を思い出したり，やるべきことを意識しながら行ったりしなければならなかったはずである。慣れていない判断や行為を行う時は，このように一つひとつの判断や行為に意識を向ける必要がある。前者の無意識の自動的な判断や行為の実行を自動処理（automatic processing）と言い，後者の意識的な判断や行為の実行を制御処理（controlled processing）と言う（Schneider & Shiffrin, 1977；Shiffrin & Schneider, 1977）。

　自動処理は，同時にいくつかの行為を行っても個々のパフォーマンスレベルが落ちない。また，やろうとする意図がなくてもその場面に置かれれば自然と身体が動いたり，逆に止めようと思ってもうまく止められなかったりする。さらに，個々の行為を意識しようと思ってもできない，効率が良い，修正しにくいなどの特徴がある。逆に制御処理は，同時に行える行為には限りがある。また，意図しなければ実行されない，個々の行為を意識できる，効率が悪い，柔

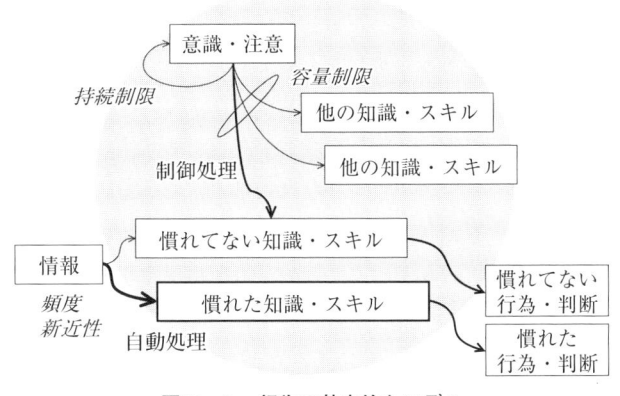

図14-1　行為の基本的なモデル

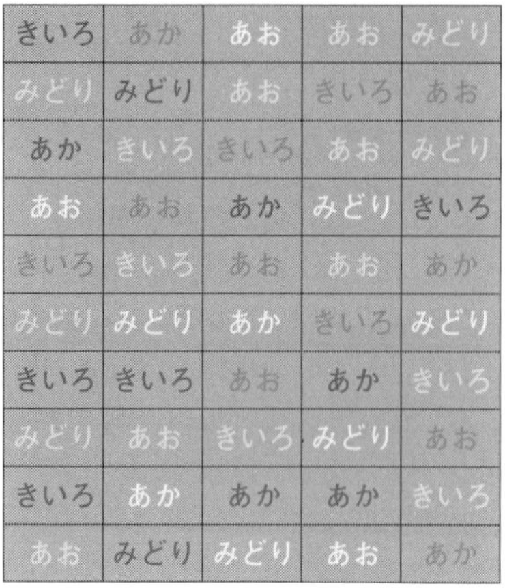

第14章　ヒューマンエラー

図14-2 a　ストループ課題(不一致刺激) 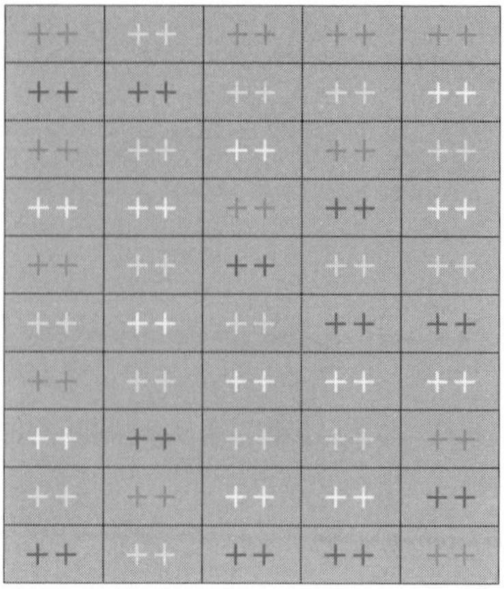　　図14-2 b　ストループ課題(統制刺激)

軟に修正可能などの特徴がある（LaBerge, 1981）。

　さて，自動処理の判断や行為が存在する場面で，別の制御処理を行おうとしたらどうなるだろうか。例えば，いつもは左車線を運転するのに，今日は右車線を運転しなければならないというような場合である。海外で車を運転する時には，このような場面に出くわすことがある。この場合，いつもの行為は左車線の運転である。こういう場面では，うっかり習慣化された左車線に入ってしまうヒューマンエラーを起こしそうになる。もちろん，自動処理や制御処理と言っても習慣化されている程度，すなわち自動性の程度は様々であるし，意識を集中すれば適切に制御処理を実行することはできる。そうでなければ，私達はいつもと少し違うことをするという柔軟な行為がとれなくなってしまう。しかし，制御処理は同時に行える行為に限りがあるため，他の判断や行為も行わなければならないような場合には優勢な自動処理にとって替わられる可能性が高い。例えば，図14-2 aの文字の字を読むのではなく，字が何色で描かれているか，色の名前を順に読み上げるには多少の困難が伴う。どのくらい困難かは，図14-2 bの記号の色の名前を順に読み上げた場合にかかる時間を比較してみるとよい。これはストループ課題と呼ばれるものである（MacLeod, 2005; Stroop, 1935）。ストループが行った実験では，色と字が異なった色単語

2　ヒューマンエラーのメカニズム

1つあたりの色名を呼称するのにかかる時間は約1.1秒であり，様々な色の四角形の色名を呼称するのにかかる時間（約0.6秒）より約0.5秒長くかかることが示されている。この現象は，ストループ現象とかストループ干渉と呼ばれる。ストループ現象が生じるのは，色名を呼称するという制御処理が文字を読むという自動処理に邪魔（干渉）されるからである。私達は普段文字を読むということは習慣化するくらいたびたび行っているが，それと比べると色名を呼称するということは多く行っていない。もちろん，色名を呼称する知識やスキルは脳内に記憶されているので意図的に行おうと思えば行えるが，目に触れるだけで無意識に実行される字を読む行為の方が強力である。同時に行う行為が増えれば，文字による干渉はさらに増加する。

　私達の行為の仕組みに，自動処理と制御処理の2つがあるのは便利なことである。起きてから寝るまでの全ての判断や行為が制御処理であり，全てをいちいち意識しなければならないとしたら非常に効率が悪い。同時にできる事柄は限られるので，歯を磨きながら着ていく服を選ぶこともできなくなるだろう。また，逆に全てが自動処理だとしたら，今日は午後から暑くなりそうだからシャツは薄手のものにしようか，それでも新幹線の中は冷房が効き過ぎているから上着は持っていこうか，いや節電でそれほど涼しくないだろうかなどという柔軟な発想はできなくなる。すべて習慣化され身に付いた判断や行為を判で押すように実行するしかない。これらの2つの処理をうまく組み合わせることにより，効率よく，柔軟な生活を送ることができるのである。

　さて，私達の行為の柔軟性や多様性を実現している意識的な処理（制御処理）には限界がある。1つは容量制限であり，もう1つは持続制限である。前者の容量制限についてはワーキングメモリというパラダイムの中で研究されることが多い（Baddeley & Hictch, 1974）。意識的な処理能力，すなわちワーキングメモリ能力には限界があり，それが新しいことの学習や読解力，聞き取りなど様々な行為に，影響していることが知られている（Engle, 2001 ; Redick, Heitz, & Engle, 2007）。後者の持続制限については，ヴィジランスの維持という文脈で研究されることが多い（Donald, 2008 ; Mackworth, 1970）。レーダーや潜水艦のソナーの監視などのまれに生じる可能性のある異常を監視するよう

第14章　ヒューマンエラー

な場面で，人は注意状態を維持し続けることができない。

（2）　ヒューマンエラーの仕組み

　ここまできたら，ヒューマンエラーの仕組みはもうほとんど分かるだろう。ヒューマンエラーの仕組みはストループ現象の仕組みと似ている。ストループ課題では，普段ならば字を読むことが求められる場面で，普段とは違う色名の呼称を求められる。すなわち，ある自動処理が存在する場面で類似の制御処理を行うのである。この時に，優勢である自動処理が実行されてしまうのがヒューマンエラーである（図14-3）。

　例えば，図14-4aの漢字リストを急いで読み上げてみよう。どれも小学校で習う簡単な漢字である。ただし，この課題では多くの人が満点を取れない。8番の漢字を読み間違うからである。ところが，ほとんど似た課題であるが，図14-4bでは満点を取れる人の数が増える。この違いはなんだろうか。どちらも8番の漢字は「縁」（「えん」，または「ふち」）で共通である。図14-4aではこれを「緑」（「みどり」）と読み間違える人が多い。これは，図14-4aは8番以外の漢字がすべて色を表すものであるため，他の漢字を読んでいるうちに，色を表す漢字が自動処理されるようになるからである（次頁図14-4a, b）。

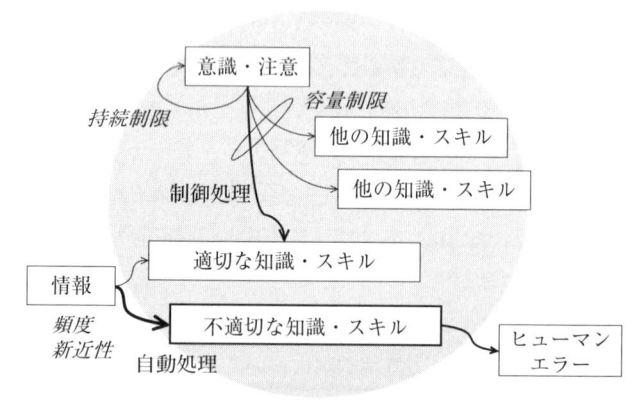

図14-3　ヒューマンエラーモデル
重森（2009）許可を得て改変

2　ヒューマンエラーのメカニズム

　これは，このような見間違い（知覚のヒューマンエラー）に限ったことではない。何かを判断したり（思考），実行したり（行為）する時のヒューマンエラーも基本的には同じ仕組みで発生する。例えば，問題解決場面での構えの影響を研究する際に用いられるパズルにルーチンスの水がめ問題がある。これは，3つの異なる容量の水がめを使ってターゲットの水量を求めるものである。最初の5問まで，全く同じ解答が続くと，最初の5問と同じ答えか，もっと簡単な答えのいずれでも解ける後半の5問（そのうち1つは最初の5問と同じ答えではなく，もっと簡単な答えである）で，簡単な答えが見つけられなくなる（Luchins & Luchins, 1950）。これは，最初の5問で水がめを3つとも使う同じパターンの答えが自動処理されるようになり，後半の5問でもそれが自動的に頭に浮かんでしまうために，他の答えが思いつかなくなってしまうという思考のヒューマンエラーである。字の書き間違いやタイピングミス，ボタンの押し間違いなどの行為のヒューマンエラーも同様に，無意識に取り出される自動処理が本来実行されるべき制御処理を乗っ取ってしまうことにより発生する。このようなヒューマンエラーは，キャプチャーエラー（capture error）と呼ばれることがある（Norman, 1981）。またヒューマンエラー研究の大家であるリーズンは，このようなヒューマンエラーを引き起こす行為や判断の繰り返しによる自動処理を「頻度の賭け（frequency gambling）」と呼んでいる（Reason, 1990）。

a	b
青	百
茶	車
紺	猫
黒	寺
黄	春
紫	傘
赤	耳
緑	縁
金	町
白	雨

図14-4　漢字読み課題
：a色文脈，b統制文脈

　もちろん，制御処理が十分機能していれば，このようなヒューマンエラーは防げるかもしれない。しかし，多くのことを同時に意識しながら何かを行わなければならない場面や，急いでいて十分に意識を集中することができない場面では，意識的な処理には容量制限があるため，どうしてもヒューマンエラーが発生しやすくなる。また，同じことを意識し続けなければならない場面でも持続制限のために同様にヒューマンエラーの発生可能性は高まる。

第14章　ヒューマンエラー

　上述の漢字読みの課題やルーチンスの水がめ問題で，ヒューマンエラーが発生するのは，ターゲットの問題の前に正解と拮抗する自動処理が活性化されるだけではなく，課題実施時に急がされることにより個々の問題に十分に意識を向けることができず，制御処理自体が妨害されているからである。同時に他のことを考えたり，何か心配事があったりする場合にもヒューマンエラーの発生確率は高まる。これは，意識的な処理には容量制限があるからである。

　紙とペンが手元にあれば，1分間ほど平仮名の「お」をできるだけたくさん書いてみよう。しばらく書き続けると，「お」がなんだか「お」ではないようななんだかよく分からないものに思えてくるはずである。これは，ゲシュタルト崩壊とか，意味飽和と言われる現象であり，ただ字を見続けているだけでも発生する。そのような状態になると，「お」を書こうと意識しているにも関わらず，「あ」や「む」，「す」など「お」と書字パターンの似た字を書いてしまう。これは急速反復書字によるスリップと呼ばれる現象である。このように，人が何かに意識を向け続けるには限界があり，限界を超えるとヒューマンエラーの発生確率が高まる。

（3）　ヒューマンエラーの考え方

　ヒューマンエラーは，自動処理と制御処理と言う人が持つ2つの情報処理の仕組みのために発生するものである。この2つの情報処理の仕組みは，一方ではヒューマンエラーを引き起こすとともに，他方では効率的な生活を可能にし，人が出会う多様な状況に対し柔軟な対応を実現させる諸刃の側面を持つ。実際，効率よく仕事をしようとするほど，ヒューマンエラーの危険が高まる。逆に慎重にすれば，ヒューマンエラーの確率は低まるが，作業効率は落ちる。また，ヒューマンエラーは悪いことばかりではない。ヒューマンエラーによって初めて意図せぬことに気づくこともある。意図しないものに価値を見出すセレンディピティは，意図から外れた事態に陥った時にこそ力を発揮する。

　もちろん，ヒューマンエラーは大きな事故の原因ともなっている。しかし，諸刃の一方を嘆いたり，ただ抑え込もうとしたりするだけでは解決にはならない。上手く付き合っていく方向を模索するのが肝要かもしれない。

2 ヒューマンエラーのメカニズム

コラム：ヒューマンエラーのメカニズム＊＊＊＊＊＊＊＊＊＊＊＊＊＊＊＊＊＊

　ヒューマンエラーのメカニズムは，フロイトの時代（1900年前後）から検討されている。しかも，基本的なメカニズムは本章で紹介したものとほとんど変わらない。すなわち，ある場面に誤った行為や判断を自動的に活性化する手がかりが存在し，逆に正しい行為や判断は意識的に活性化しなければならない時に，ヒューマンエラーが生じると言うものである。ただし，誤りが活性化される原因は正しい行為や判断と似ているということに重点が置かれている。現在のモデルでは，類似性よりも誤りが強い潜在的活性値を持つ原因としての経験頻度や直前経験が重要視されている。

　精神分析で有名なフロイトも「精神分析学入門」や「日常生活に於ける精神病理」でヒューマンエラーについて考察している。同時代の心理学者とは異なり，フロイトは誤りの強い潜在的活性値についても考察している。ただし，フロイトは誤りが強い潜在的活性値を持つ原因が抑圧された願望やトラウマである可能性を強調している。例えば，ある婦人が，Berglehne（山の）と言うはずのところを誤って Berglende（山の腰）と言った原因を，抑圧された子どもの頃の性的虐待が活性化されたものと解釈したり，ある青年が路上で婦人に一緒に歩きませんか（begleiten）と言おうとしたところを誤って begleit-diegen と言ったのを，彼がそういった誘いが彼女を侮辱する beleidigen ことになりはしないかと，心配したことが混入したものと解釈したりしている。このように抑圧された願望やトラウマが現れたヒューマンエラーを，フロイディアンスリップと呼ぶ。

　確かに，誤りの潜在活性の原因の一つが抑圧された願望である可能性はある。もちろん，証拠もなしに，ヒューマンエラーの原因を願望やトラウマに結びつけるのは危険であるが，ヒューマンエラーの原因をフロイト風に解釈してみることも興味深い。ただし，あくまでも一つの可能性であり安易に決めつけてしまわぬよう注意したい。

第14章　ヒューマンエラー

【設問】　第14章

1）　違反とヒューマンエラーの違いは何でしょう。
2）　ヒューマンエラーはどう定義できるでしょうか。
3）　ヒューマンエラーの基本的な発生の仕組みはどういうものでしょう。
4）　ヒューマンエラーの発生メカニズムからみたポジティブな側面はありますか。
5）　ヒューマンエラーによって私達が得ることができるポジティブな側面はありますか。

第15章
犯罪・非行

　犯罪心理学は，心理学の基礎から臨床までほぼ全てを包括した複合的な領域である。そのため一口に「犯罪心理学」といっても，様々な切り口やアプローチがあり，本章だけで全てをカバーすることは難しい。

　ここでは犯罪の発生から犯人の逮捕，また犯人の更正・改善という流れを軸にして犯罪心理学を3つの切り口から解説する。

　まず，なぜ犯罪・非行が起こるのか，その原因について社会的要因と個人的要因から解説する。

　次に犯罪捜査において，心理学はツールとしてどのような形で利用されているのかに触れ，最後に罪を犯してしまった犯罪者や非行少年をどのように立ち直らせて，社会に復帰させているのかについて述べる。

（大上　渉）

第15章　犯罪・非行

1　犯罪・非行の原因理解のための枠組み

　犯罪・非行に至る原因やそのメカニズムを明らかにしようとする試みは，古くから取り組まれてきた。その理由の一つは，犯罪・非行を引き起こす要因，あるいは抑制する要因を突きとめることができれば，効果的な犯罪防止策を講じられるからである。また犯罪の予防や犯罪者の更生方法を考える際の有効な枠組みにもなる。ここでは犯罪・非行の主要な原因論について，社会的要因と個人的要因それぞれの観点から解説する。

（1）　社会的要因

1）　アノミー理論（緊張理論）

　社会で成功し，富や名声を得ることは誰もが願うことであり，そのことを人生の大きな目標にしている人は多いだろう。この社会的・経済的成功のことを**文化的目標**という。多くの人々は合法的な手段，例えば仕事や勉学に励むなどして（これを**制度的手段**という），文化的目標を達成しようとする。しかし，全ての人々が制度的手段を公平に使えるわけではない。米国の社会学者マートン（Merton）は，誰に対しても制度的手段が公平に与えられていない緊張状態を**アノミー**と呼んだ。十分な教育を受ける機会が与えられなかった者は，安定した職業に就くことが難しくなり，制度的手段により文化的目標を達成することは困難になる。このような人々は，非合法的な手段，つまり窃盗や詐欺，麻薬の売買等の犯罪行為により富や金銭を得ようとする。このように不平等な社会制度が犯罪・非行の原因になると考えるのがアノミー理論である。

2）　分化的接触理論

　分化的接触理論は米国のサザーランド（Sutherland）による理論である。この理論では，犯罪的文化（例えば，盗み方や脅迫の仕方などの犯罪テクニック，犯行の言い訳の仕方等）に触れることが，犯罪や非行の原因になると考える。例えば自分の身近にいる親や兄弟，友人等が犯罪に手を染めていると，犯

罪的文化に接触する機会が多くなり，犯罪・非行により向かいやすくなる。また犯罪的文化は，雑誌やテレビ番組などのメディアでも学習されると考えられている。従って，犯罪・非行を助長する生活環境・不良交友関係の断絶やメディアの規制などは効果的な犯罪抑止対策となる（小林，2008）。

3） 統制理論（社会的絆理論）

犯罪原因論の多くは，なぜ人は犯罪を行うのかという観点から説明を行っている。しかし逆に，ハーシ（Hirschi）による統制理論は，多くの人々は犯罪を行わないのはなぜかという観点から，犯罪・非行の機序を明らかにしようと試みたものである。ハーシは，多くの人が法や規範に従うのは，統制要因（社会との絆）が働いているからだとしている。この統制要因として次の4つ，即ち「他者との愛着」「投資」「忙殺」「規範信念」を挙げている。

「他者との愛着」とは，自分の身近にいる重要な人，例えば両親や妻子，友人との深い心情的な結びつきである。深い愛着を持っている者ほど逸脱行動は抑制されやすい。親を悲しませる，妻や子どもに見捨てられるという不安や恐れが統制要因として働くからである。

「投資」とは，将来のために行ってきた時間や努力のことである。例えば将来安定した生活を送るために，私達は長い間勉学に励んだり，苦労して仕事を続けている。しかしながら犯罪を行うと，これまで積み重ねてきた時間や努力などのコストが全て無駄になり，将来受け取る報酬も失ってしまうことになる。犯罪を行うことで失うリスクを考えることが逸脱行動を抑制する。

「忙殺」とは仕事や勉学で毎日の生活に追われ，犯罪・非行を行う暇さえないことである。忙殺は犯罪者の更生や社会復帰にも重要な役割を果たす。矯正施設で行われている職業訓練や就労支援は，仕事に専念させることにより，犯罪・非行の交友関係を断絶する効果がある。

「規範信念」とは社会の規範（法律や道徳，習慣）を尊重し，それに従おうとする度合いである。規範信念が強いほど規範や法を守り，逸脱行動は少なくなる。

4） ラベリング理論

ラベリング理論では，犯罪・非行を一度でも行った者は，たとえ罪を償った

としても世間から「犯罪者」「前科者」とラベリングされ，社会的，経済的に不利益を被る。また，本人の自尊心も著しく損なわれることになる（「どうせ自分は前科者だから何をやってもだめだ」）。その結果，社会復帰は上手くいかず，逸脱を繰り返してしまい，犯罪や非行の常習化・習慣化につながると考えられている。

（2） 個人的要因

1） 犯罪者のパーソナリティ

犯罪を起こしやすい性格，あるいは犯罪者に多くみられる性格はあるのだろうか。もし犯罪と性格との間になんらかの関係を見出すことができれば，犯罪者の分類や更生に役立つ。犯罪者の行動は，一般人にとってみれば理解も共感もし難い異常な行動にみえる。しかしながら多くの場合，性格に著しい偏りがみられるだけで，彼らは病気というわけではない。このような著しい偏りがみられる性格のことをシュナイダー（Schneider）は**精神病質**と名付けた。精神病質は，病気ではないものの正常から逸脱した性格であり，その異常さのため本人が悩むか，あるいは社会や他者を悩ませる異常と定義されている。

精神病質は10タイプに分類され，そのうち犯罪・非行と関係のあるタイプは，自分自身の意志がないため周囲に流されやすく，忍耐力もない**意志欠如型**，人としての良心を持たず，他人の苦しみに無関心な**情性欠如型**，些細な事ですぐに激昂する**爆発型**などがある。現在では，精神病質を参考に分類した**パーソナリティ障害（人格障害）**という分類（DSM－Ⅳ）が使用されている（松本，2007）。

パーソナリティ障害は，A群（妄想しやすく，風変わりで閉じこもりがち），B群（演技的で感情的），C群（不安で心配しやすい）に分類される。これらのうち犯罪・非行との関連が指摘されているのはB群であり，その中でも**反社会性パーソナリティ障害**や**妄想性パーソナリティ障害**が特に関係が深い。反社会性パーソナリティ障害は，冷淡で共感性に乏しく他人の権利を無視する。人を騙したり利用しようとするのが特徴である。妄想性パーソナリティ障害の特徴は，猜疑心が強く，誰も信じようとしない。また妄想や根拠のない

思い込みに捉われ，恨みを持ちやすいとされている。

2） 自己統制特性の欠如

精神病質やパーソナリティ障害などの分類は，犯罪者の典型的な性格を探るアプローチといえる。それに対し，犯罪者の性格に共通してみられる性格特性を探るアプローチもある（大渕，2006）。ゴットフレンドソンとハーシ（Gottfredson & Hirschi）によると，多くの犯罪者は自己統制特性が低い，言い換えれば衝動性が高いとしている。犯罪者は自分の欲求や感情を抑えることができないため，手間や努力を惜しみ，短絡的な方法（犯罪）により欲求を満たそうとする。身体的活動を好み，スリルや興奮を求める性質であることも知られており，犯罪・非行をさらに促すことになる。

3） 知　能

犯罪者や非行少年の知能をウェクスラー式知能検査により測定すると，動作性知能（視覚的情報の判断や，視覚情報と運動・動作を統合する能力など）と比べ，言語性知能（言語の理解能力や表出能力，数的処理能力など）の方が低いことが知られている（大渕，2006）。言語性知能は複雑な事柄や抽象的事柄の理解力と関連しており，言語性知能が低いと，学業不振や成績低下となり学校不適応になる。その結果，学校環境からドロップアウトし，犯罪・非行へ向かうと考えられている。

2　犯罪捜査と心理学

これまで私達の国において，犯罪心理学は犯罪原因論や矯正・保護の領域を中心にして展開されてきた。最近では犯罪捜査の領域でも，研究や実務への応用が盛んに行われている。ここでは捜査のツールとして利用されているポリグラフ検査，犯罪者プロファイリング及び目撃証言研究について解説する。

（1）　ポリグラフ検査

ポリグラフ検査とは，被疑者の供述の真偽を確かめる捜査支援・心理鑑定法

である。被疑者が犯人であるならば、自分や家族の将来への不安などから犯行を全面的に否認、あるいは一部分を認めているだけかもしれない（渡辺，2004）。そうした疑いのある被疑者に対しては、ポリグラフ検査が実施されることがある。ポリグラフ検査にはいくつかの質問法がある。日本の警察では、**犯行知識検査**（GKT：Guilty Knowledge Test）と呼ばれる質問法が用いられている。この質問法は、犯人ならば当然覚えているであろう犯行時の記憶について検査するものである。被検査者に対し事件に関係する**裁決項目**1つと、裁決項目と同じカテゴリーではあるものの事件とは無関係な**非裁決項目**を複数呈示する。裁決項目とは、犯行時に犯人がまさに見聞きしたと思われる情報であり、犯人しか知り得ない情報（被害者と捜査員は除く）である。例えば、ある民家において鏡台から現金が盗まれる事件が発生したとする。現金が置かれていた「鏡台」を裁決項目にして質問を作成するとすれば、非裁決項目は、一般的に現金が保管されていることが多い「タンス」や「サイドボード」「仏壇」「食器棚」などにする。もし被検査者が犯人であり、現金をどこから盗んだか記憶していれば、裁決項目である鏡台を他のタンスやサイドボードなどの非裁決項目と弁別し、生理反応にも変化が生じる。呈示する順序を変えて質問しても、一貫して裁決項目に対応して生理変化がみられるのであれば、裁決項目に対し認識があると判断される。生理反応の主な測定指標としては、皮膚電気活動、呼吸波及び脈波の3種類がある。これらは内臓や血管などを自動的に制御する自律神経系の支配を受けていることから、被検査者が意識的にコントロールすることは困難であるため、信頼性の高い結果が得られる。ポリグラフ検査は、犯人の犯行時のエピソード記憶の有無について、生理指標を用いて調べる一種の再認記憶検査であるといえる。

（2）　目撃証言

　刑事捜査において、犯人の遺留品や指紋・足跡、DNA型などの物的証拠が「点」であるならば、目撃証言や関係者の供述は点と点を結びつける「線」といえる。物的証拠が目撃証言により補完されることにより、点が1本の線となり、事件の全容を浮かび上がらせる。

2　犯罪捜査と心理学

　事件の解明に重要な役割を果たす目撃証言は，私達の記憶と深く結びついている。なぜなら事件を目撃して捜査機関に証言するまでの過程が，記憶の記銘，保持，想起のプロセスとほぼ重なるからである。事件・事故の目撃は，記憶の記銘に相当し，目撃した内容について証言するまでの期間は，保持に相当する。また，警察官などに証言するプロセスは想起に相当する（横田，2004）。こうしたことから目撃証言研究には，多くの心理学者が参加し記憶研究の知見が応用されている。

　目撃証言研究で最も多いタイプの研究は，目撃証言が正確ではなく，誤りが生じやすいことを実験的にデモンストレーションするものである。このタイプの研究により，私達は時間の経過とともに目撃内容を忘却したり，事件に関連する情報（新聞記事やニュース番組，捜査員との会話など）に事件後に接することにより記憶内容が変容したり，あるいは目撃していなかったものを見たと思い込んだりする（**事後情報効果**と呼ばれる）ことが示されている。

　ロフタスとパルマー（Loftus and Palme, 1974）は，質問の仕方だけで目撃証言が容易に歪められることを示した。この実験では参加者に自動車衝突事故の映像を見せ，その直後に映像中の自動車の速度について文章で質問した。質問文は衝突状況を伝える動詞がそれぞれ異なっており，「車が<u>激突した時</u>，どれくらいの速度で走っていたか」（下線部分が相違．以降相違部分のみ示す），「衝突した時」「ぶつかった時」「当たった時」「接触した時」の5パターンがあった。参加者に対し事故を起こした車のスピードについて評定させたところ，激しい事故を想像させる「激突した時」や「衝突した時」の質問文に回答した参加者ほど速いスピードで走行していたと回答した。この結果は，事後情報により目撃証言が大きく変わることを示すものである。

　目撃証言は，事後情報効果以外にも，目撃時の物理的状況（犯行現場の明るさ，対象までの距離，目撃時間など）や，目撃者の心身状態（目撃者の視力，情動・ストレス，アルコールの摂取）等の影響を受けることが明らかにされている。

　目撃者が強い恐怖を感じていた場合と感じていない場合では，見ている対象や視野の範囲に大きな違いがみられる。今にも自分が犯人に襲われるかもしれ

187

ないような状況では，目撃者は犯人の挙動に関する情報を少しでも多く得ようとして，犯人に対し集中的に注意を向ける。その際，目撃者の視野は狭まり，犯人と関係のない情報の入力は遮断される。その結果，生き残るために必要な情報についてのみ記憶が促進され，それ以外の瑣末な情報（例えば，犯行現場に停車していた車の色）については，知覚もされず，記憶もされないことになる。これは，犯人が凶器を所持していた場合，より顕著になって現れる。目撃者の注意は犯人の凶器にのみ集中し，現場の周辺的情報はもちろんのこと，犯人の人相や着衣等にさえも注意が向けられず，記憶が阻害される。この現象は**凶器注目効果**（Weapon focus effect）として知られている（大上ら，2006）。

　目撃証言は目撃現場の状況，目撃者の心身状態，犯人の武装や挙動など様々な要因により歪められやすく，正確な情報を得ることは難しい場合が多い。こうした問題を解決するために，欧米では事情聴取に**認知面接**（cognitive interview）が取り入れられている。認知面接とは記憶の符号化特定性原理やネットワーク理論などに着目した想起促進手法である。認知面接は複数の質問法で構成されており，代表的な質問法として，「文脈の再現」と「他者の視点」での再生がある。文脈の再現は符号化特定性原理に基づいた質問法であり，目撃時の文脈，すなわち事件現場や目撃時の状況，心理状態を思い浮かべて証言させるものである。そうすることで目撃時（記銘時）と想起時の検索手がかりが一致し，目撃内容をより多く想起できる。また他者の視点での再生は，記憶のネットワーク理論を取り入れた質問法であり，事件現場にいた犯人，被害者，あるいは別の目撃者になったつもりで供述を求めるものである。他者の視点から再生することで，別の検索手がかりが得られやすくなり，それまで思い出せなかった情報も思い出しやすくなる。

（3）　犯罪者プロファイリング

　刑事捜査では，被害者の人間関係を調べる鑑取り捜査とともに，物的資料を丹念に収集し分析する地取り捜査が重要視されている。犯行現場には犯人に結びつく様々な資料や痕跡が残されている。例えば犯人の指紋や足跡，犯人の靴に付着していた土，犯人の着衣の繊維などである。しかしこうした物的証拠以

2　犯罪捜査と心理学

外にも，襲撃方法や犯行時の言動，被害者のタイプ，犯行場所，犯行時間帯などの犯行特徴も手がかりとして残されている（桐生，2002）。犯行特徴に基づいて，犯人の属性（例えば，性別，年齢，職業，前歴の有無など）や居住地などを推定する捜査支援手法が**犯罪者プロファイリング**である。犯罪者プロファイリングは米国連邦捜査局（FBI）において実施された性的殺人犯に関する研究プロジェクトから生まれた。捜査資料や犯人との面談から，性的殺人犯の年齢や職業，学歴等の個人属性，また被害者の特徴や襲撃方法，遺体の状態などの犯行特徴を収集し，整理したところ，性的殺人犯は2タイプに大別できることが明らかになった。計画的で証拠を現場に残さない**秩序型**と，計画性が無く多くの手がかりを現場に残したままにする**無秩序型**である。秩序型の犯人は，知的水準が高く，専門的仕事に就いており，身なりも整っている。しかしサディスティックな面があり，犯行の発覚を恐れ，証拠を残さないよう注意している。一方，無秩序型の犯人は，知的水準は低く，仕事に就いておらず，身なりには無頓着である。また精神障害を患っていることが多く，現場は乱雑である。これらの知見により，犯行現場を観察するだけで大まかな犯人像を推定することが可能になった。現場の状況から犯人を推定するこの試みは画期的であったものの，タイプの判断には熟練や経験が必要とされることや，また秩序型と無秩序型の二分法だけでは捉えられないタイプの犯罪者がいるといった批判がなされた（越智，2008）。

　現在，主流である犯罪者プロファイリングは**リヴァプール方式**あるいは**統計的プロファイリング**と呼ばれるものであり，英国のリヴァプール大学（当時）のカンター（Canter）により提唱されたプロファイリング手法である。この方法では，既に解決した同一罪種の事件（例えば，放火や強姦，強盗，窃盗等）を多く収集し，犯人の属性（性別や年齢，職業，犯歴の有無等），犯行時の行動，被害者の特徴などを抽出・コード化する。さらに数量化Ⅲ類やコレスポンデンス分析，最小空間分析などの多変量解析と呼ばれる統計手法を用いて，ある犯行行動に共通してみられる犯人属性を明らかにする（渡邉，2004）。

　また，カンターは犯人の住居あるいは活動拠点を推定する**地理的プロファイリング**についての研究にも取り組んでいる。犯人の住居を絞り込むことができ

れば，事件解決に直接結びつくため，有効な捜査のツールとして確立が望まれている手法である。地理的プロファイリングには，**円仮説**（Canter & Larkin, 1993）と**重心仮説**（Kind,1987）という２つの理論的仮説がある。どちらも同一犯による連続事件に適用されるものである。円仮説は，最も離れた犯行地点２点を結ぶ線を直径とする円内に犯人の住居が存在するとしている。この仮説では，犯行地点間の距離が遠いほど円の直径が大きくなり，それに伴って捜査範囲も拡大することになる。その反面，この説はシンプルであり理解しやすく，簡単に推測できるという実務的メリットがある。一方の重心仮説は，円仮説で描かれた円の重心部分（ほぼ円の中心と同じ）に犯人の住居があるとする仮説である。重心仮説は円仮説とは異なり，ピンポイントで犯人の住居を推定できるため，捜査手法として有効性が高い。

　犯人の地理的行動パターンや犯行現場選択については，他にも興味深い知見が得られている。犯人は自宅付近での犯行を敬遠し，ある程度離れた場所で犯行を行うというものである。自宅近くでは犯行が発覚しやすくなるため，土地鑑を有したある程度離れた場所で犯行を行うと考えられている。その結果，同一犯の犯行現場を地図上にプロットしていくと，犯人の自宅付近では犯行件数が少ない空間が生じる。この空間のことを**バッファーゾーン**という（越智, 2008）。

　日本においても，犯罪者プロファイリングの導入が進みつつある。平成15年に警察庁が策定した「緊急治安対策プログラム」において，犯罪者プロファイリングの導入が明記されたことにより弾みがつき，平成17年度は全国で58件しか実施されていなかったが，平成22年度には328件実施され６倍近くまで増加している。このことから犯罪者プロファイリングは日本においても犯罪捜査のツールとして定着しつつあることがうかがわれる。

3　刑事司法の流れと犯罪・非行の矯正

　検挙された犯罪者や非行少年に対する処理手続き，また刑務所や少年院に入

所・収容された場合に受ける処遇については、どちらも心理学の知見や理論が活かされている。ここではそれらについて概説する。

（1） 成人犯罪者処遇の流れ

　法的には、犯罪は刑罰法規の構成要件に該当する違法かつ有責な行為である。違法性とは法律上許されないことであり、有責性とはそれなりの非難や制裁を受けねばならないことである。従って、有責性のある者が刑罰法規に違反すると刑罰が科せられることが原則である。しかしながら、その違反した者が**心神喪失者**や**心神耗弱者**（刑法39条）、また**14歳に満たない者**（刑法41条）である場合、有責性（責任能力）があるとはみなされず、前者については治療が優先される。また後者については少年法が適用され、将来の改善・更生を期待した保護処分が優先される（高橋，1999）。これらの者を除いた成人が刑罰法規に違反すると犯罪者となる。その犯罪について警察が捜査し、検挙されると48時間のうちに検察庁に送致（被疑者の身柄や証拠物、関係書類などを引き継ぐこと）される。さらに検察庁において補充捜査が行われ、被疑者を起訴するか否かが決定される。もし起訴されれば、被疑者は裁判所へ送られることになる。

（2） 非行少年処遇の流れ

　20歳に満たない者が刑法などに触れる行為を行った場合は、非行少年となる。非行少年は次の3種類に分類され、それぞれで処分が異なる。なおいずれも女子を含めて「〜少年」としている（生島，2003）。

　1）**犯罪少年**：14歳から20歳未満で罪を犯した少年。

　2）**触法少年**：14歳未満で刑罰法令に触れる行為をした少年。犯罪少年とは異なり刑事責任を問えない14歳未満であるため触法と呼ばれる。

　3）**虞犯少年**：刑罰法令などに触れてはいないものの、近い将来罪を犯す虞（おそれ）のある虞犯行為（例えば、深夜徘徊や家出等）を行う少年。

　犯罪少年による事件については、原則として全て家庭裁判所へ送られる**全件送致主義**が採られている。これは少年の保護を優先する少年法の理念に基づく

ものであり，保護処分あるいは刑事処分に付すかは家庭裁判所に審判する先議権がある。家庭裁判所に送致されると，家庭裁判所調査官により社会調査（少年の性格や交友関係，家庭環境，非行の動機などの調査）が行われる。また少年鑑別所に調査を依頼する場合もあり，知能・性格検査や行動観察などにより，少年の資質鑑別が行われる。これらの調査結果は少年調査票としてまとめられ，裁判官に提出される。少年審判（非公開）では少年調査票などを基に，保護の必要性や保護措置の判断が下される。その結果，少年院送致（少年院に収容し，規律正しい生活や少年個別の問題を改善する教育を受けさせ，更生させる処分）や保護観察（施設には収容せず，家庭や職場などで保護観察官や保護司の指導・監督を受ける処分）などの保護処分が下される。もし重大犯罪（殺人や傷害致死，強盗，放火等）であり，保護処分よりも刑事処分が相当とされた場合には検察官に送致（逆送）され，成人と同様の裁判が行われることになる。その結果，懲役や禁固が言い渡されれば，少年刑務所に服役することとなる。

（3） 犯罪・非行の矯正処遇

　日本における犯罪者・非行少年の矯正処遇は，主に規律維持（生活指導）と職業訓練（刑務作業）が基盤にある（藤岡，2007）。規律維持は規律正しい生活や日課などを通じて，社会生活に適応できる生活習慣や，健全な考え方，犯罪・非行についての責任の自覚などの獲得を目的とするものである。また職業訓練は，職業に関する必要な知識・技能の習得，資格・免許を取得させることを目的とするものである。職業に関する技能や資格を習得できれば，定職も得やすくなり，スムーズに社会復帰できる。また仕事に専念することで，ハーシによる統制理論の通り，再犯する可能性も低くなる。

　日本における生活指導と職業訓練などの処遇は一定の成果を挙げているものの，2004年（平成16年）に奈良県で発生した女児殺害事件が契機となり，2006年（平成18年）に「刑事施設及び受刑者の処遇等に関する法律」が定められた（藤岡，2007）。同事件では女児に対する強制わいせつの罪などで服役していた者の犯行であったことから，これまでの作業や規律維持を中心とした一般的な

処遇に加え，受刑者が個別に抱えた問題に焦点をあてる再犯防止プログラム（認知行動療法をベースにしたもの）も行われるようになった（例えば，再犯の可能性が高いと判断された性犯受刑者に対する処遇プログラム：C-SOP）。類似した再犯防止プログラムは矯正施設ばかりではなく，保護観察所にも導入されており，執行猶予者や仮釈放者に対しても実施されている。

（4） 再犯防止プログラムと認知行動療法

現在，日本の矯正施設や保護観察所などで行われている再犯防止プログラムは，いずれも認知行動療法の理論に基づいたものである。認知行動療法とは，認知の再構成やモデリング，ロールプレイ，ポジティブフィードバックなどの技法で構成されており，認知を修正することにより適切な行動や感情を身につけることを目的とした心理技法である。認知行動療法が用いられるのは，犯罪者や非行少年の特性として認知（思考や価値観なども）に偏りや歪みがあるからである。例えば，「相手が自分にガンをつけてきた（睨んできた）から殴った」「誰にも迷惑をかけていないからいいじゃないか」「短いスカートや薄着の女性は男を誘っている」等のように，受信した情報の解釈に歪みがみられる。この認知の歪みにより反社会的行動（犯罪・非行）が引き起こされると考えられている（藤岡，2007）。

また認知行動療法のロールプレイ（見本を観察して実演し，スキルを習得する技法）は，犯罪者・非行少年の知的特性と馴染みやすいことも利用されやすい理由の一つである。先に述べた通り（犯罪の個人的要因の項参照），犯罪者や非行少年は，動作性知能よりも言語性知能の方が低いことが知られている。言語性知能が低いと言語による教示を理解しにくく，自分の考えや気持ちを言葉で具体的に表現することも難しい。従って，対話により内省や洞察を促し，自分の問題に気づかせる方法よりも，実際に身体を動かす行動的なアプローチの方がより効果が高いとされている（藤岡，2007）。

第15章　犯罪・非行

コラム：「情動的知性に働きかける再犯防止プログラム SEL−8 D」 ＊＊＊＊

　犯罪者や非行少年の多くは，情動の知覚やコントロール能力などに問題を抱えている。例えば，他人が嫌がったり，困っている様子を察することができない，自分の情動状態を正しく理解できない，感情にのみ込まれてしまい衝動的，短絡的な行動を行ってしまうなどの問題である。

　他者の感情を理解したり，自分の感情をコントロールする能力は情動的知性（EI：Emotional Intelligence）と呼ばれる。高い情動的知性を身につけていれば，相手の気持ちや考えていることを察し，最適な行動を選択でき，良好な人間関係を築くことができる。

　犯罪者や非行少年の情動的知性を高め，再犯防止に役立てる実践的研究プロジェクトが科学技術振興機構の支援により，福岡県内の児童自立支援施設で試行されている。このプロジェクトの要は情動的知性を育成するSEL（**社会性と情動の学習プログラム**，Social and Emotional Learning）の実践にある。SELとは米国の学校で実践され成果を挙げている心理教育プログラムである。このSELをアレンジし，日本国内の小中学校向けのSEL−8 S（SEL of 8 abilities for School），非行臨床機関向けのSEL−8 D（SEL of 8 abilities for Delinquency）が開発されている。どちらも情動の知覚・コントロール・表出，自己や他者への気づき，伝える技術などのスキルを習得するユニットで構成されている。一方SEL−8 Dについては非行少年の特性である言語性知能の低さを考慮し，メンバー内での話合いや自己の内省を求めるアプローチを極力少なくし，モデリングやロールプレイなど行動的なアプローチを多く取り入れている。またそれ以外にも視覚的教材の積極的活用，スキルの重要なポイントについては，ゴロ合わせなどによる教示を取り入れている。ゴロ合わせの教示の例としては，上手に話を聴くポイントをまとめた「ウメのカサ」（**う**なずく，**目**を見て話しを聞く，**カラダ**を相手に向ける，途中で話しを**さ**えぎらない），相手を不快にさせない断り方「狩りは断る」（**か**わりの案を提案する，**理**由を伝える，はっきり**断る**）などがある。

　このプロジェクトにおいて（松本ら，2011）は非行経歴（窃盗，暴力，家出，深夜徘徊など）のある児童を対象にSEL−8 Dを実践した。対象児童は児童自立支援施設に入所している児童6名（小6〜中3）であった。約半年間で11セッションを実施し，SEL−8 D導入前と全セッション終了後には情動的知性のアセスメントを実施し効果を測定した。その結果，SEL−8 D参加児童は，SEL−8 Dに参加しなかった児童（15名）と比べ，自己の感情制御能力や問題解決能力，また自尊感情が有意に向上しており，SEL−8 Dの効果を裏付ける結果が得られた。SEL−8 Dを実践的でより効果の高いプログラムにするためには今後も試行と検証，改良を繰り返す必要がある。しかしながら，この結果は，犯罪・非行更生のツールとしてのSEL−8 Dの有効性を示すものといえる。

3 刑事司法の流れと犯罪・非行の矯正

【設問】 第15章

1） 犯罪・非行の社会的要因に関する理論には，どのようなものがあるか説明し，それぞれの理論に基づいた犯罪・非行対策について考えてみよう。
2） 犯罪・非行に関わる個人的要因には，どのようなものあるか説明しよう。
3） 警察で行われているポリグラフ検査について，記憶の観点からその原理を説明しよう。
4） 矯正処遇に導入されつつある心理療法は何か，また従来の矯正処遇方法と比較し，どのような問題の解決に焦点をあてたものか説明しよう。

心理学検定対応キーワード集

　ここに挙げる語句は，本書で出てきた重要語句だけでなく，心理学検定試験で頻出されるキーワードを含めたものである。

　記述法はアルファベット順とし，本書に出てくる語句は頁数で導いている。

領域：原理・研究法・歴史

アセスメント
ビネ（→p.7）
知能検査（→p.7）
知能指数（→p.7）
調査法（→p.9）
ダーウィン（→p.2）
妥当性（→p.10）
独立変数（→p.9）
演繹的研究法
エビングハウス（→p.2）
アイゼンク（→p.8）
フェヒナー（→p.3）
フロイト（→p.6）
ゲシュタルト心理学（→p.5）
逆転項目
半構造化面接
比較心理学（→p.3）
被験者間要因
被験者内要因
半構造化面接
ホール（→p.4）
法則定立
法則定立的（→p.8）
インフォームド・コンセント
因子的妥当性
ジェームス（→p.4）
実験法（→p.9）

実験心理学（→p.4）
実験的研究（→p.9）
実験的観察法
条件反射（→p.6）
縦断的研究
ユング（→p.6）
従属変数（→p.9）
仮現運動（→p.6）
観察法（→p.9）
仮説的構成概念（→p.10）
カウンセリング（→p.8）
ケーラー（→p.7）
経験主義（→p.2）
検査法（→p.9）
機能主義心理学（→p.4）
基準関連妥当性
帰無仮説
帰納的研究法
個性記述的（→p.8）
効果の法則
構成概念妥当性
構成主義心理学（→p.6）
個性記述的
行動主義（→p.5）
行動療法（→p.8）
構造化面接
共分散構造モデル
レヴィン（→p.7）

面接法（→p.9）
モーガンの公準
元良勇次郎（→p.5）
無作為抽出
内容的妥当性
認知心理学（→p.7）
西 周（→p.4）
ノンパラメトリック検定
横断的研究
パーソナリティ検査
パヴロフ（→p.6）
パラメトリック検査
連合（→p.2）
理性主義（→p.2）
ロジャーズ（→p.8）
臨床心理学（→p.7）
量的研究（→p.10）
再テスト法
錯視（→p.3）
生物学的心理学（→p.4）
説明変数
精神物理学（→p.3）
精神分析（→p.5）
折半法
進化論（→p.2）
信頼性（→p.10）
心理学的クリニック（→p.7）
質問紙法
質的研究（→p.10）
相関係数（→p.9）
相関的研究（→p.9）
推測統計学（推計学）（→p.9）
生得説と経験説
集団力学（グループダイナミクス）
　　　　　　　　　　　　（→p.7）

対立仮説
単一事例実験
ターマン（→p.7）
テスト・バッテリー
投影法
統制群法
予測変数
有意水準（有意確率）
ヴント（→p.3）
ヴェルトハイマー（→p.6）
ワトソン（→p.5）
ウェーバー＝フェヒナーの法則
　　　　　　　　　　　　（→p.3）
ウィトマー（→p.7）

領域：学習・認知・知覚
明るさの恒常性（→p.17）
暗順応（→p.15）
罰（→p.32）
弁別
弁別素性（→p.23）
部分強化
文脈効果（→p.47）
分散学習（→p.47）
ブローカ領域（→p.57）
知覚の恒常性（→p.17）
知覚的補完（→p.16）
コルチ器（→p.20）
貯蔵（→p.40）
チャンキング（チャンク化）（→p.42）
チャンク（→p.42）
聴覚領（→p.21）
長期記憶（→p.41）
代理強化（→p.34）
脱感作法

心理学検定対応キーワード集

デシベル（→p.21）
同化と調節
演繹的推論（→p.60）
エピソード記憶（→p.44）
S-R 理論
フォルマント（→p.23）
符号化（→p.40）
符号化方略（→p.40）
負の罰（→p.32）
負の強化（→p.32）
フラッシュバルブメモリー
長期記憶（→p.41）
言語理解（→p.52）
言語算出（→p.52）
画像優位性効果（→p.47）
ゲシュタルト要因（→p.16）
逆向干渉（→p.40）
ハイパーカラム（→p.15）
般化（→p.31）
反転図形（→p.16）
ヘルマン格子錯視（→p.17）
報酬（→p.34）
ヒューリスティック
位置の恒常性（→p.17）
鋳型照合モデル（→p.52）
維持リハーサル（→p.42）
一般問題解決システム（→p.61）
イメージ的思考（→p.58）
意味記憶（→p.44）
意味ネットワーク理論
色立体（→p.15）
偽りの記憶（false memory）
イワン・パヴロフ（→p.29）
自伝的記憶
自動運動（→p.18）

自発的回復（→p.30）
自己関連づけ効果（→p.47）
事例に基づく推論（→p.62）
条件づけ（→p.28）
条件刺激（→p.29）
条件反応（→p.30）
順向干渉（→p.40）
受容野（→p.14）
仮現運動（→p.18）
確率判断（→p.60）
干渉（→p.40）
形の恒常性（→p.17）
カニッツアの三角形（→p.16）
カクテルパーティー現象（→p.25）
間歇スケジュール
観察学習（→p.34）
活性化拡散理論
系統的脱感作（→p.35）
系列位置曲線（→p.43）
嫌悪条件づけ
検索（→p.40）
顕在記憶と潜在記憶
帰納的推論（→p.60）
記憶に基づく推論（→p.62）
光学的流動パターン（→p.18）
コネクショニストモデル
古典的条件づけ（→p.28）
混色（→p.15）
行動主義
行動療法（→p.35）
強化（→p.32）
強化スケジュール
マガーク効果（→p.23）
マスキング（→p.24）
マジカルナンバー 7 ± 2

（不思議な数 7 ± 2）（→p.42）
明順応（→p.15）
メタ認知的知識（→p.62）
メタ認知的コントロール（→p.62）
メタ認知的モニタリング（→p.62）
命題的思考（→p.58）
モデリング（→p.34）
無条件反応（→p.29）
無条件刺激（→p.29）
ミュラー・リヤー錯視（→p.17）
二重貯蔵モデル（→p.43）
認知的経済性（→p.58）
喉まででかかる（tip-of-the-tongue）現象（→p.41）
脳画像研究（ニューロイメージング研究）（→p.25）
オペラント条件づけ（→p.28）
大きさの恒常性（→p.17）
音の大きさ（→p.21）
音の高さ（→p.21）
パターン認識
プライミング（→p.46）
プライミグ効果（→p.46）
プロトタイプ（→p.59）
プレグナンツの法則（→p.16）
立体視（→p.18）
リハーサル（→p.40）
ロジック・セオリスト（→p.61）
両耳聴（→p.22）
両眼視差（→p.18）
再認記憶
再認（→p.41）
精緻化（→p.47）
精緻化リハーサル（→p.42）
静止網膜像（→p.19）

説明に基づく学習（→p.62）
再生（→p.41）
斉射説（→p.21）
三原色（→p.15）
正の罰（→p.32）
正の強化（→p.32）
宣言的記憶（→p.44）
生態学的妥当性（→p.25）
シェイピング（→p.33）
シェイピング法（→p.36）
視覚的補完（→p.16）
視覚的探索（→p.25）
親近効果（→p.43）
視細胞（→p.14）
視交叉（→p.14）
視野闘争（→p.18）
スキーマ
説明に基づく推論（→p.62）
相互活性化モデル（→p.53）
初頭効果（→p.43）
消去（→p.30）
集中学習（→p.47）
集中講義
社会的学習（→p.34）
社会的学習理論
処理水準
主観的輪郭（→p.16）
多義図形（→p.16）
短期記憶（→p.41）
特徴分析モデル（→p.52）
トークン・エコノミー法（→p.36）
トップダウン処理（概念駆動型処理）と
　ボトムアップ処理（データ駆動型処理）
手続き記憶（→p.44）
運動視差（→p.18）

心理学検定対応キーワード集

運動残効（→p.19）
4枚カード問題
幼児期健忘
誘導運動（→p.19）
ワーキングメモリ
ウェルニッケ領域（→p.57）
図と地（→p.16）

領域：発達・教育

アフォーダンス
愛着（→p.78）
愛着理論
アイデンティティ（自己同一性）
　　　　　　　　　　　　（→p.90）
愛他的行動
アセスメント（→p.167）
遊び（→p.82）
アニミズム
安全基地
足場づくり理論
別室登校（→p.163）
ビネー式知能検査
部分登校（→p.166）
ブリッジズ（→p.79）
聴覚（→p.77）
超高齢社会（→p.98）
チャム・グループ（→p.164）
注視（→p.77）
第二次性徴
同化と調節
動機づけ（→p.84）
道徳性（→p.85）
絵本の読み聞かせ（→p.87）
延滞模倣
不快感情（→p.79）

不適応（→p.85）
不登校（→p.85, 162）
学業不振児
学習無気力感
学習の継続（→p.166）
学校生活（→p.83）
外発的動機づけ／内発的動機づけ
　　　　　　　　　　　　（→p.85）
ごっこ遊び（→p.80）
具体的操作性（→p.84）
ギャラップ（→p.79）
ギャング・エイジ（→p.85, 164）
言語獲得援助システム
（LASS）
言語獲得装置（LAD）
G–P分析
回復力（レジリエンス）
発達（→p.75）
発達の最近接領域
発達障害
保健室登校（→p.163）
表象機能（→p.80）
遺伝（→p.76）
いじめ（→p.85）
意欲（→p.84）
保存
意図学習／偶発学習
一斉授業
自伝的記憶（→p.87）
児童期（→p.75）
時系列的変化（→p.75）
自己概念
自己中心性
自己開示
自己効力感（self efficacy）

自己認知（→p.79）
自己制御（→p.83）
自己主張（→p.83）
自己抑制（→p.83）
自己像（→p.80）
自尊心（→p.159）
自尊感情
熟慮型／衝動型
準拠集団
情緒（→p.79）
受精（→p.76）
仮説実験授業
カウンセリング（→p.166）
鏡映像（→p.79）
快感情（→p.79）
感覚間協応（→p.78）
感覚・運動期（→p.77）
環境（→p.76）
葛藤体験（→p.82）
興奮状態（→p.79）
完全習得学習
嗅覚（→p.78）
慣習（→p.85）
コールバーク（→p.85）
構成的グループエンカウンター
　　　　　　　　（→p.161）
結晶性知能（能力）
帰属理論
コホート分析
心の理論（→p.82）
コンピテンス
公正観
効力感
項目分析
馴化法

共感
教育センター（→p.166）
リテラシー（読み書き能力）
味覚（→p.78）
三つ山課題（→p.80）
メタ認知（→p.84）
モデリング／観察学習
模倣（→p.77）
モラトリアム（→p.90）
内面（→p.86）
乳児期（→p.75）
オーバー・アチーバーと
　アンダー・アチーバー
横断（的）研究／縦断（的）研究
ピアカウンセリング（→p.161）
ピア・グループ（→p.164）
ピアジェ（→p.77）
ピグマリオン効果
PTSD（心的外傷後ストレス障害）
　　　　　　　　（→p.159）
プログラム学習
レディネス
ルイス（→p.79）
リーチング（→p.77）
臨界期
論理的思考（→p.84）
収束的思考／拡散的思考
領域固有性／領域一般性
サクセスフル・エイジング（→p.98）
生成継承性（→p.93）
相談室登校（→p.163）
生得的行動（→p.76）
生理的早産
精神年齢／生活（暦）年齢
先行オーガナイザ

201

心理学検定対応キーワード集

選好法
死（→p.76）
視覚（→p.77）
思春期（→p.86）
視点取得（→p.82）
心理教育（→p.161）
進路選択（→p.90）
空の巣症候群（→p.98）
ソーシャルスキルトレーニング
（→p.161）
相互作用（→p.76）
スクールカウンセラー（→p.166）
スモール・ステップの原理
スピルオーバー（→p.95）
潜在学習
触覚（→p.78）
生涯発達心理学（→p.76）
流動性知能／結晶的知能
スクリプト
双生児法
ストレンジ・シチュエーション法
（→p.79）
社会的微笑
社会的スキル
社会的ネットワーク理論
社会的参照
社会的スキル
集団生活（→p.166）
生得の制約論
習得的行動（→p.76）
対象の永続性（→p.77）
他者視点（→p.80）
適応指導教室（→p.163）
適性処遇交互作用
内田・クレペリン

精神作業検査
内的作業モデル
やる気（→p.84）
有意味受容学習
幼児期（→p.75）
ウェクスラー式知能検査
前操作期（→p.80）

領域：社会・感情・性格
愛着
アイデンティティ（自己同一性）
曖昧さ（→p.111）
アルトマン（→p.109）
アッシュ（→p.104）
暗黙のパーソナリティ観（暗黙の性格観）
バーディッツ（→p.111）
ビッグ・ファイブ（→p.134）
防衛機制
文章完成法（→p.137）
知能の多因子説
中心特性（→p.104）
中枢起源説（→p.69）
ダンカン（→p.106）
伝言ゲーム（→p.112）
伝説
ドーパミン
同調・服従（→p.116）
援助行動
エピネフリン
外見的魅力（→p.108）
外向型（→p.130）
言語的なコミュニケーション（→p.110）
原因帰属
誤帰属
半構造化面接

汎適応症候群
偏見（→p.106）
扁桃体
非言語的コミュニケーション（NVC）
非言語なチャンネル（→p.110）
法則定立的アプローチ
（nomothetic）
表示規則
ヒューリスティック
意味ネットワーク理論
意思決定（→p.109）
時間見本法
自己概念
自己開示（→p.109）
自己効力感（self efficacy）
自己制御
自尊心維持
自己呈示
人‐状況論争
自尊感情
自律神経系
ジェームズ＝ランゲ説
ユング（→p.130）
情動二要因説（→p.69）
条件性恐怖
条件性情動反応
絵画統覚検査（→p.137）
拡散的思考
覚醒水準
確証バイアス
カタルシス
仮説検証型データ処理（→p.105）
権威主義的パーソナリティ
嫌悪行動
嫌悪条件づけ

気分一致効果
基本的情動（→p.66）
攻撃
気質（temperament）
クレッチマー（→p.130）
個人情報（→p.109）
個性記述的アプローチ（idiographic）
キャノン＝バード説
恐怖喚起コミュニケーション（→p.111）
恐怖症
強迫観念
リーダーシップ（→p.124）
マースタイン（→p.108）
末梢起源説（→p.68）
メタ認知的経験（の利用）
ミラー（→p.106）
燃え尽き症候群
MMPI（→p.136）
内向型（→p.130）
NEO-PI-R（→p.135）
認知の不協和
オールポート（→p.111, 134）
P-Fスタディ（→p.137）
パニック障害
ポリグラフ検査
ロールシャッハ・テスト（→p.137）
類型論（→p.130）
作業検査法（→p.137）
精緻化見込みグラフ
性格判断（→p.130）
説得
説得的コミュニケーション（→p.110）
世論形成
質問紙法（→p.136）
双生児法

203

心理学検定対応キーワード集

ソーシャル・サポート
ステレオタイプ（→p.105）
ステレオタイピング
SVR理論（→p.108）
社会的アイデンティティ
社会的比較
社会的ジレンマ
社会的公正
社会的交換
社会的浸透理論（→p.110）
社会的促進
社会的スキル
シャクター（→p.111）
シャクター＝シンガー説
承諾要請技法
集団意思決定
主要5因子モデル
（特性5因子モデル）（→p.134）
初頭効果（→p.105）
態度
対人印象形成（→p.104）
対人コミュニケーション（→p.111）
対人認知
対人魅力
闘争＝逃走反応
タイプA（→p.131）
タイプAパーソナリティ
特性論（→p.133）
投影法（→p.137）
テイラー（→p.110）
都市伝説（→p.112）
内集団びいき（→p.120）
内田・クリペリン精神作業検査
　　　　　　　　　　　　（→p.138）
うわさ（→p.111）

抑制
全般性不安障害
前頭葉
ウォルスター（→p.108）
矢田部・ギルフォード性格検査
　（Y-G性格検査）　　　（→p.136）

領域：臨床・障害

アイデンティティ（自己同一性）
アサーション訓練
アセスメント（→p.143）
アスペルガー障害（→p.151）
防衛機制（→p.150）
超自我（→p.150）
分析心理学（→p.152）
注意欠陥／多動性障害（→p.151）
DSM-IV（→p.155）
エキスポージャー
フォーカシング
言語障害
ゲシュタルト療法
逆制止
実践活動（→p.143）
イド（→p.150）
自我（→p.150）
自殺念慮
自律訓練法
解離（→p.151）
観察学習
観察法（→p.149）
カウンセリング・カウンセリング学
　　　　　　　　　　　　（→p.146）
家族療法（→p.153）
カタルシス
系統的脱感作法（→p.35）

研究活動（→p.145）
検査法（→p.149）
コミュニケーション障害
コミュニティ心理学（→p.153）
國分康孝（→p.153）
行動療法（→p.152）
構成的グループエンカウンター（SGE）
　　　　　　　　　　　　（→p.153）
交流分析
コーピング
境界例
境界性人格障害
無意識（→p.150）
面接法（→p.149）
森田療法（→p.153）
森田正馬（→p.153）
成瀬悟策（→p.153）
認知行動療法（→p.152）
来談者（クライエント）中心療法
　　　　　　　　　　　　（→p.152）
ラポール
リビドー
了解心理学
臨床動作法（→p.153）
臨床心理学（→p.143）
心的外傷後ストレス障害（→p.154）
生の本能
精神分析学（→p.142）
精神遅滞・学習障害（→p.151）
精神医学（→p.147）
精神医学的な診断基準（→p.150）
精神失調症（→p.151）
専門活動（→p.145）
セルフコントロール
心理療法（→p.147）

ソーシャルスキル・トレーニング
双極性（気分）障害（→p.151）
ソーシャル・サポート
S-R理論
対象関係論
テスト・バッテリー（→p.149）
統合失調症（→p.150）
うつ病（→p.151）
内観療法（→p.153）
抑圧
欲求不満耐性
吉本伊信（→p.153）
前意識

領域：神経・生理
分離脳
ブローカ野
大脳皮質機能局在
脱分極
ドーパミン
遠心性神経
副腎皮質刺激
ホルモン
副交感神経系
眼球運動図（EOG）
ガンマアミノ酪酸（GABA）
皮膚電気活動
ホメオスタシス
磁気共鳴画像（MRI）
軸索
時定数
自律神経系
事象関連電位
受容体（レセプター）
覚醒水準

心理学検定対応キーワード集

感覚受容器
顔の認知
下垂体
活動電位
機能的MRI
交感神経系
虚偽検出
求心性神経
急速眼球運動（REM）
脳梁
細胞体（ニューロン）
サーカディアンリズム
セロトニン
シナプス
神経伝達物質
心拍数（R-R間隔）
睡眠段階
ストレス反応
タイプAパーソナリティ
ウェルニッケ野

領域：統計・測定・評価

バリマックス回転
母集団と標本
直交解と斜交解
中心極限定理
第1種の誤り（第1種の過誤）
第2種の誤り（第2種の過誤）
独立変数と従属変数（説明変数と目的変数）
度数分布
擬似相関
平均
比（率）尺度
偏相関係数

標本分散と不偏分散
標準正規分布
因子軸の回転
順位相関係数
順序尺度
カイ2乗検定
間隔尺度
決定係数（説明率）
交互作用
交絡
共分散
メタ分析
名義尺度
2項分布
パラメトリック検定とノンパラメトリック検定
プロマックス回転
両側検定と片側検定
信頼区間
（積率）相関係数
主効果
多重比較
多重共線性
単純主効果
t検定
有意水準

領域：産業・組織

AIDAモデル・AIDMAモデル
バーンアウト
物理的実在性（→p.116）
同調（→p.116）
同化効果（→p.121）
EAP（従業員支援プログラム）
栄光浴（→p.120）

情報的影響（→p.116）
自己高揚動機（→p.120）
ホーソン実験
ヒューマンエラー／ヒューマンファクター
上位目標（→p.121）
課題（→p.123）
科学的管理法
交代勤務制度
規範的影響（→p.118）
個人主義（→p.124）
パス・ゴール理論
PM理論（→p.124）
リーダーシップ（→p.124）
組織市民行動（→p.125）
ソーシャル・サポート
ストレス対処・ストレス・コーピング
社会的カテゴリー化（→p.119）
社会的実存性（→p.117）
集団規範（→p.123）
集団極性化（→p.119）
集団思考（→p.119）
集団主義（→p.124）
対比効果（→p.120）
内集団びいき（→p.120）
われわれ意識（→p.123）
役割（→p.123）
役割形成（→p.125）

領域：健康・福祉
アクションリサーチ
アセスメント
バーンアウト
注意欠陥／多動性障害
外発的動機づけ
偏見

ホメオスタシス
ICF
自閉症スペクトラム障害
自己制御学習
インクルージョン
自律訓練法
自律神経系（交感神経系と副交感神経系）
均衡化
行動療法
交流分析
向社会的行動
メインストリーミング
内発の動機づけ
認知行動療法
認知療法
ノーマライゼーション
PTSD
QOL（クオリティ・オブ・ライフ）
生態学的アプローチ
　　（エコロジカルアプローチ）
セルフコントロール
ソーシャルスキル・トレーニング
ソーシャル・サポート
睡眠障害
ステレオタイプ
ストレス反応
ストレスマネジメント
タイプAパーソナリティ
達成目標理論
ユニバーサルデザイン

領域：犯罪・非行
愛着
アノミー（→p.182）
アノミー理論（緊急理論）（→p.182）

心理学検定対応キーワード集

バッファーゾーン（→p.190）
爆発型（→p.184）
忙殺（→p.183）
文化的目標（→p.182）
分化的接触理論
秩序型（→p.189）
地理的プロファイリング（→p.189）
円仮説（→p.190）
虞犯少年（→p.191）
犯行知識調査（→p.186）
反社会性パーソナリティ障害（→p.184）
犯罪者プロファイリング（→p.189）
犯罪少年（→p.191）
非裁決項目（→p.186）
意思欠如型（→p.184）
一般予防効果
事後情報効果（→p.187）
情性欠如型（→p.184）
重心仮説（→p.190）
14歳に満たない者（→p.191）
環境設計による犯罪防止（CPTED）
規範信念（→p.183）
凶器注目効果（→p.188）
妄想性パーソナリティ障害（→p.184）
無秩序型（→p.189）
認知面接（→p.188）
ポリグラフ検査
パーソナリティ障害（人格障害）（→p.184）
犯罪者プロファイリング（→p.189）
ラベリング理論（→p.183）
リヴァプール方式（→p.189）
ルーチンアクティビティ理論
裁決項目（→p.186）
サイコパス
制度的手段（→p.182）
精神病質（→p.184）
青年期限定型犯罪者
セロトニン
心神耗弱者（→p.191）
心神喪失者（→p.191）
社会性と情動のプログラム（→p.194）
社会的コントロール（統制）理論
社会的学習理論
少年鑑別所
双生児法
相対的剥奪理論
生涯持続型犯罪者
触法少年（→p.191）
態度
他者との愛着（→p.183）
統計的プロファイリング（→p.189）
統制理論（社会的絆理論）
特別抑止効果
投資（→p.183）
全件送致主義（→p.191）

引用・参考文献

第1章

ダーウィン，C. 八杉龍一（訳）(1990)．種の起原　上・下　岩波文庫（Darwin, C. (1859) *On the origin of species*. London : J. Murray）

Ebbinghaus, H. (1908). *Abriss der Psychologie*. Leipzig : Veit & Comp.

ヘヴン，J. 西　周（訳）(1875)．心理学　文部省（Haven, J. (1857) Mental philosophy. Boston : Gould & Lincoln）

James, W. (1890). *Principles of psychology*. 2 vols. New York : Henry Holt.

オールポート，G.W. 詫摩武俊ほか（訳）(1982)．パーソナリティ：心理学的解釈　新曜社（Allport, G. W. (1937) *Personality : A psychological interpretation*. New York : Henry Holt）

Romanes, G. (1882). *Animal intelligence*. London : Kegan Paul, Trench & Co.

ヴィンデルバント，W. 篠田英雄（訳）(1929)．歴史と自然科学　岩波文庫（原著は Windelband, W. (1911) *Präludien : Aufsätze und Reden zur Einleitung in die Philosophie. Vol.*2 Tübingen : J. C. B. Mohr の中の一章）

Watson, J. B. (1913). Psychology as the behaviorist views it. *Psychological Review*, 20, 158−177.

Wertheimer, M. (1912). Experimentelle Studien über das Sehen von Bewegung. *Zeitschrift für Psychologie*, 61, 161−265.

Witmer, L. (1907). Clinical psychology. *The Psychological Clinic*, 1, 1−9.

Wundt, W. (1874). *Grundzüge der physiologischen Psychologie*. Leipzig : Wilhelm Engelmann.

第2章

Epstein W. (Ed.). (1977). Stability and Constancy in Visual Perception. John Wiley & Sons.

Findlay J.M. & Gilchrist I.D (2003). Active Vision : The Psychology of Looking and Seeing. OUP Oxford.（本田仁視（訳）(2006)．アクティヴ・ビジョン−眼球運動の心理・神経科学　北大路書房）

原一之　(2005)．脳の地図帳　講談社

早田輝洋　(1973)．日本語音形論　比企静雄（編）音声情報処理　東京大学出版会

東山篤規　(1994)．空間知覚　大山正・今井省吾・和気典二（編）新編感覚・知覚心理学ハンドブック　誠信書房

引用・参考文献

乾敏郎（編）（1995）．知覚と運動（認知心理学1）　東京大学出版会
今井省吾（1984）．錯視図形　見え方の心理学　サイエンス社
Johansson G.（1950）．Configurations in Event Perception; an experimental study. Almqvist & Wiksells.
Kanizsa G.（1979）．Organization in Vision: Essays on Gestalt Perception. New York: Praeger. 野口薫（監訳）（1985）．視覚の文法：ゲシュタルト知覚論　サイエンス社
川人光男（1996）．脳の計算理論　産業図書
Livingstone M.S. & Hubel D.H.（1984）．Anatomy and physiology of a color system in the primate visual cortex. *The Journal of Neuroscience*, 4, 309-356.
Marr D.（著）乾敏郎・安藤広志（訳）（1987）．ビジョン-視覚の計算理論と脳内表現　産業図書
Metzger W.（1953）．Gesetze des Sehens. Verlage von Waldemar Kramer.（盛永四郎（訳）（1968）．視覚の法則　岩波書店）
中島義明・子安増生・繁桝算男・箱田裕司・安藤清志・坂野雄二・立花政夫（編）（1999）．心理学辞典　有斐閣
日本視覚学会（編）（2000）．視覚情報処理ハンドブック　朝倉書店
脳を活かす研究会（編）（2007）．ブレイン・デコーディング　オーム社
大山正・今井省吾・和気典二（編）（1994）．新編感覚・知覚心理学ハンドブック　誠信書房
大山正・和氣典二・菊地正・今井省吾（編）（2007）．新編感覚・知覚心理学ハンドブック〈Part 2〉　誠信書房
Rubin E.（1921）．Visuell wahrgenommene Figuren: Studien in psychologischer Analyse, *Psychological Research*, 1, 186-190.
Sedgwick H.A. Space Perception. Boff K.R., Kaufman L. & Thomas J.P.（Eds.）.（1986）．Handbook of Perception and Human Performance: Sensory Processes and Perception, Cognitive Processes and Performance, vol.1. John Wiley & Sons.
篠森敬三（編）（2007）．視覚〈1〉視覚系の構造と初期機能　（講座"感覚・知覚の科学"）　朝倉書店
塩入諭（編）（2007）．視覚〈2〉視覚系の中期・高次機能　（講座"感覚・知覚の科学"）　朝倉書店
Stafford T. & Webb M.（著）夏目大（訳）（2005）．Mind Hacks -実験で知る脳と心のシステム　オライリージャパン
内川惠二（編）（2008）．聴覚・触覚・前庭感覚（講座"感覚・知覚の科学"）　朝倉書店
内川惠二・近江政雄（編）（2008）．味覚・嗅覚　（講座"感覚・知覚の科学"）　朝倉書

店
Wever, E.G.（1949）. Theory of hearing. Wiley.
山内昭雄（2001）. 感覚の地図帳　講談社

第 3 章

Bandura, A.（1965）. Influence of models' reinforcement contingencies on the acquisition of imitation response. *Journal of Personality and Social Psychology*, **1**, 589－595.

Bandura, A.（1971）. Analysis of Modeling Processes. In Bandura, A.（Ed.）, *Psychological Modeling : Conflicting theories*. Chicago, Aldine-Atherton.（原野広太郎・福島脩美（訳）（1975）モデリングの心理学：観察学習の理論と方法　金子書房）

奥田健次（2005）. 不登校を示した高機能広汎性発達障害児への登校支援のための行動コンサルテーションの効果－トークン・エコノミー法と強化基準変更法を使った登校支援プログラム　行動分析学研究, **20**, 2－12.

Watson, J. B., & Rayner, R.（1920）. Conditioned emotional reactions. *Journal of Experimental Psychology*, **3**, 1－14.

Yerkes, R. M., & Morgulis, S.（1909）The method of Pavlov in animal psychology. *Psychological Bulletin,* **6**, 257－273.

第 4 章

Atkinson, R. C., & Shiffrin, R. M.（1968）. Human memory : A proposed system and its control processes. In K. W. Spence, & J. T. Spence（Eds.）, *The psychology of learning and motivation, Vol.* 2.（pp. 89－195）New York : Academic Press.

Glanzer, J., & Cunitz, A. R.（1966）. Two storage mechanisms in free recall. *Journal of Verbal Learning and Verbal Behavior*, **5**, 351－360.

Godden, D. R., & Baddeley, A. D.（1975）. Context-dependent memory in two natural environment : On land and underwater. British Journal of Psychology, **66**, 325－568.

I. P. Pavlov. *Lectures on Conditioned Reflexes*, International Publishers.

仲真紀子（1997）. 記憶の方法－書くとよく覚えられるか？遺伝, **51**（1）, 25－29.

越智啓太・雨宮有里・丹藤克也（訳）（2011）. 子どもの頃の思い出は本物か－記憶に裏切られるとき　化学同人

Sabbagh, K.（2009）. *Remembering our childhood : How Memory Betrays Us*. OxfordUniversity Press.

Squire, L. R.（1987）. Memory and brain. Oxford UniversityPress. 河内十朗（訳）（1989）. 記憶と脳－心理学と神経科学の統合　医学書院

Tulving, E.（1972）. Episodic and semantic memory. In E. Tulving, & D. Donaldson

(Eds.) *Organization of memory*. (pp. 381-403). New York: Academic Press.
上原泉（2008）．短期記憶・ワーキングメモリ　太田信夫・多鹿秀継（編）記憶の生涯発達心理学　北大路書房　pp.21-30.

第5章

Lindsay, P. H., & Norman, D. A. （1977） *Human information processing: An introduction to psychology*. 2 nd ed.（中溝幸夫・箱田裕司・近藤倫明訳　1983-85　情報処理心理学入門Ⅰ-Ⅲ，サイエンス社）

第6章

Cannon, W.（1927）. The James-Lange theory of emotion: A critical examination and an alternative theory. *American Journal of Psychology*, **39**, 106-124.（Reprinted in M. B. Arnold (Ed.)（1968）. The Nature of Emotion. Penguin.）
Damasio, A. R.（1994）. Descartes's error: Emotion, reason, and the human brain. Putam.（田中三彦（訳）（2000）．生存する脳-心と脳と身体の神話-　講談社）
Ekman, P., & Friesen, W. V.（1971）. Constants across cultures in the face and emotion. *Journal of Personality and Social Psychology*, **17**, 124-129.
James, W.（1884）. What is an emotion? *Mind*, **9**, 188-205.
Lewis, M.（2000）. Self-conscious emotions: Embarrassment, pride, shame, and guilt. Lewis, M. & Haviland-Jones, J. M. (Eds.) Handbook of emotions, Second edition. New York: GuilfordPress. pp.623-636.
野畑友恵・越智啓太（2005）．記憶に及ぼす覚醒度の効果は快・不快感情によって異なる：覚醒度説への反証　認知心理学研究，**3**, 23-32.
Plutchik, R.（1980）. Emotion Harper & Row.
Schachter, A., & Singer, J.（1962）. Cognitive, social, and physiological determinants of emotional state. *Psychological Review*, **69**, 379-399.
Shah R., & Lewis, M. B.（2003）. Locating the neutral expression in the facial-emotion space. *Visual Cogniton*, **10**, 549-566.

第7章

Ainsworth, M. D. S. & Bell, S. M.（1970）. Attachment, exploration and separation: Illustrated by the behavior of one-year-olds in a strange situation. *Child Development* **41**, 49-67.
秋田喜代美・増田時枝　（2009）．絵本で子育て子ども達の育ちを見つめる心理学　岩波書店

Bridges, K. M. B. (1932). Emotional development in early infancy. *Child Development* 3 324-335.
Fantz, R. L., (1961). The origin of form perception, *Scientific American* 204.
学校基本調査 (2003). 国の指定統計第13号
Gallup, G. G. 1970 Chimpanzees : Self-Recognition *Science* 167, 86-87.
市川伸一 (編著) (2010). 現代の認知心理学 発達と学習 北大路書房
稲垣佳世子・波多野宜余夫 (1997). 子どもの概念発達と変化 素朴生物学をめぐって 共立出版
稲村博 (1994). 不登校の研究 新曜社
伊藤亜矢子 (2011). エピソードでつかむ児童心理学 ミネルヴァ書房
金敷大之・山本晃輔 (2009). 絵本の思い出－大学生における物語の自伝的記憶についてのプロトコル研究, 畿央大学紀要, **10**, 11-20
柏木恵子 (1983). 子どもの「自己」の発達 東京大学出版会
小嶋秀夫・森下正康 (2004). 児童心理学への招待〔改訂版〕－学童期の発達と生活 サイエンス社
子安増生 (編著) (2005). よくわかる認知発達とその支援 ミネルヴァ書房
Lewis, M. (1993) The emergence of human emotions. In M. Lewis & J.M.Havilland (Edss.), *Handbook of emotions*. Guiford Press. pp 223-235.
文部科学省 (2003). 今後の特別支援教育の在り方について (最終報告)
桜井茂男 濱口佳和 向井隆代 (2003). こどものこころ 児童心理学入門 有斐閣アルマ
佐藤浩一・越智哲太・下島裕美 (編) (2008). 自伝的記憶の心理学 北大路書房
繁多 進 (1985). 愛着行動 詫摩武俊 (監修) パッケージ・性格の心理 第1巻 性格の発達と形成 ブレーン出版
繁多 進 (編著) (1999). 乳幼児発達心理学 子どもがわかるすきになる 福村出版
下条信輔 (2006). 赤ちゃんのまなざし 新曜社
多鹿秀継 (2010). 教育心理学 コンパクト新心理学ライブラリ7 サイエンス社
内田伸子 (2008). よくわかる乳幼児心理学 ミネルヴァ書房
山本晃輔・金敷大之 (2010). 絵本を手がかりとした幼少期における自伝的記憶の内容分析, 教育実践総合センター研究紀要, **19**, 47-51

第8章

Belsky, J. & Kelly, J. (1994). The Transition to Parenthood. Delacorte Press. 安次嶺佳子 (訳) (1995). 子供をもつと夫婦に何が起こるか 草思社
Erikson, E. H. *Identity and the Life Cycle*. Psychological Issues Vol 1 (1) Monograph

引用・参考文献

1., International Universities Press, Inc, New York.
井上輝子・江原由美子（編）(2005). 女性のデータブック［第4版］ 有斐閣
小泉智恵・福丸由佳・中山美由紀・無藤隆 (2007). 妊娠期の女性の働き方と心理的健康 お茶の水女子大学子ども発達教育研究センター紀要, **4**, 1-13
久保田裕之 (2008). 若者の自立／自律と共同性の創造－シェアハウジング 牟田和恵（編） 家族を超える社会学：新たな生の基盤を求めて 新曜社
Marcia, J. E. (1966). Development and validation of ego identity status. Journal of Personality and Social Psychology., **3**, 551-558
溝上慎一 (2008). 自己形成の心理学－他者の森をかけ抜けて自己になる 世界思想社
内閣府 (2010). 仕事と生活の調和（ワーク・ライフ・バランス）憲章
岡本祐子 (1997). 中年からのアイデンティティ発達の心理学 ナカニシヤ出版
岡本祐子 (2008). 中年期の危機と家族の心理臨床 高橋靖恵（編） 家族のライフサイクルと心理臨床 金子書房
岡堂哲雄 (1991). 家族心理学講義 金子書房
小田利勝 (1993). サクセスフル・エイジングに関する概念的一考察 徳島大学社会科学研究, **6**, 127-139
菅野幸恵 (2008). 母親が子どもをイヤになること 岡本依子・菅野幸恵（編） 親と子の発達心理学－縦断研究法のエッセンス 新曜社 147-158
菅野幸恵・岡本依子・青木弥生・石川あゆち・亀井美弥子・川田学・東海林麗香・高橋千枝・八木下（川田）暁子 (2009). 母親は子どもへの不快感情をどのように説明するか：第1子誕生後2年間の縦断的研究から 発達心理学研究, **20**(1), 74-85
杉村和美 (1998). 青年期におけるアイデンティティの形成：関係性の観点からのとらえ直し 発達心理学研究, **9**(1), 45-55
山田昌弘 (1999). パラサイト・シングルの時代 筑摩書房

第9章

Alley, T. R., & Cunningham, M. R. (1991). Average faces are attractive, but very attractive faces are not average. Psychological Science, **2**, 123-125.
Allport, G, W. & Postman, L. (1947). The Psychology of rumor. Henry Holt 南博（訳）(1952). デマの心理学 岩波書店
Asch, S. E. (1946). 'Forming Impression of Personality.' Journal of Abnormal and Social Psychology **41**, 258-290
Altman, I., & Taylor, D. A. (1973). Social penetration: The development of interpersonal relationships. New York: Holt, Rinehart, & Winston.
Duncan, B. L. (1976). Differential social perception and attribution of intergroup vio-

lence: Testing the lower limits of stereotyping of Blacks. Journal of Personality and Social Psychology, **34**, 590-598.

Jones, D. (1995). Sexual selection, physical attractiveness, and facial neoteny. Current Anthropology, **36**, 723-748.

Langlois, J. H. & Roggman, L. R. (1990). Attractive faces are only average. Psychological Science, **1**, 115-121.

Miller, A. G. (1970). Role of physical attractiveness in impression formation. *Psychological Science*, **19**, 241-243.

Murstein., B. I. (1977). The stimulus-value-role (SVR) theory of dyadic relationships. In S. Duck (Ed.), Theoy and practic of interpersonal attraction. Academic Press. pp.105-127

Schachter, S. & Burdick, H. (1955). A field experiment on rumor transmission. Journal of Abnormal and Social Psychology, **50**, 363-371

第10章

Asch, S.E., (1951). Effects of group pressure upon the modification and distortion of judgment. In H. Guetzkow (Ed.), *Groups, leadership and men*. Pittsburgh: Carnegie Press.

Deutsch, M. & Gerard, H. B. (1955). A study of normative and information social influences upon individual judgment. *Journal of Abnormal and Social Psychology*, **51**, 629-636.

Doise, W., Deschamps, J.C., & Meyer, G. (1978). The accentuation of intra-category similarities. Tajfel, H. (Ed.), *Differentiation between Social Groups: Studies in the Social Psychology of Intergroup Relations*. London: Academic Press.

波多野純 (1996). 共同作業場面における対人魅力と集団規範との関係-情緒性と道具性の影響—心理学研究 **67**, 292-299.

Hewstone, M. & Brown, R. (1986). Contact is not enough: An intergroup perspective on the contact hypothesis. In M. Hewstone & R. Brown (Eds.), *Contact and conflict in intergroup encounters*. Oxford: Blackwell.

伊藤美奈子・相馬誠一 (2010). グラフィック学校臨床心理学 Graphic text book サイエンス社

Jacobs, T.O. (1970). *Leadership and exchange in formal organizations*. Alexandria: Human Resources Research Organization.

Janis, I. L. (1971). *Groupthink*. Psychology Today, **5**, 43-46, 74-76.

金敷大之・森田泰介 (2011). 図説教養心理学 ナカニシヤ出版

引用・参考文献

川瀬正裕・松本真理子（1997）．新・自分さがしの心理学-自己理解ワークブック　ナカニシヤ出版

金城辰夫（1996）．図説現代心理学入門（改訂版）　培風館

三隅二不二（1978）．リーダーシップ行動の科学　有斐閣

Moscovici, S. & Zavalloni, M. (1969). The group as a polarizer of attitudes. *Journal of Personality and Social Psychology*, 12, 125-135.

Newcomb, T. M., Koenig, K.E., Flacks, R.F., & Warwick, D.P. (1967). *Persistence and Change : Bennington College and Its Students After Twenty-five Years*. New York : Wiley.

Sherif, M., (1936). *The psychology of social norms*. New York : Harper Collins.

Sherif, M., Harvey, O.J., White, B.J., Hood, W.R., & Sherif, C. (1961). *Intergroup conflict and cooperation* : The Robbers' Cave experiment. Norman : University of Oklahoma.

Spector, P.E. (1997). *Job satisfaction* : Application, assessment, cause, and consequences. Thousand Oaks : Sage Publication.

Tajfel, H., Billig, M. G., Bundy, R. P., & Flament, C. L. (1971). *Social categorization and intergroup behavior*. European Journal of Social Psychology, 1, 149-178.

田島　司（1998）．役割の統合を可能にするアイデンティティが未知の他者への信頼感に与える影響　日本心理学会第62回大会論文集　103.

Turner, R. (1962). *Role-taking : Process versus conformity*. In A. M. Rose (Ed.), Human behavior and social processes. Boston : Houghton Mifflin.

第11章

キャッテル, R. B. 斎藤耕二他（訳）（1975）．パーソナリティの心理学　金子書房（Cattell, R. B. (1965). The scientific analysis of personality, New York : Penguin Books.）

Cloninger, C. R., Svrakic, D. M., & Przybeck, T. R. (1993). A psychobiological model of temperament and character. *Archives of General Psychiatry*, 50, 975-990.

Costa, P. T., Jr., & McCrae, R. R. (1992). Revised NEO Personality Inventory (NEO-PI-R) and NEO Five-Factor Inventory (NEO-FFI). Psychological Assessment Resources.

Ebstein, R. P., Novick, O., Umansky, R., Priel, B., Osher, Y., Blaine, D., Bennett, E. R., Nemanov, L., Katz, M., & Belmaker, R. H. (1996). Dopamine D 4 receptor (DRD 4) exon polymorphism associated with the human personality trait of novelty seeking. *Nature Genetics*, 12, 78-80.

Eysenck, H. J. (1953). The structure of human personality. New York : Methuen.

Friedman, M., & Rosenman, R. H. (1959). Association of specific overt behavior pattern with blood and cardiovascular findings. *Journal of American Medical Association*, 169,

1286 – 1296.

Grossarth-Maticek, R., Eysenck, H. J., and Vetter, H. (1988). Personality type, smoking habit and their interaction as predictors of cancer and coronary heart disease. *Personality and Individual Differences*, **9**, 479 – 495.

ユング, C. G. 高橋義孝（訳）(1970). 人間のタイプ　日本教文社
(Jung, C.G. (1921). Psychologische Typen. Zurich : Rascher.)

金城辰夫（監修）藤岡新治・山上精次（共編）(1996). 図説現代心理学入門（改訂版）　培風館

Katsuragi, S., Kunugi, H., Sano, A., Tsutsumi, T., Isogawa, K., Nanko, S., & Akiyoshi, J. (1999). Association between Serotonin transporter gene polymorphism and anxiety-related traits. *Biological Psychiatry*, **45**, 368-370.

神田久男（編）(1998). 心理臨床の基礎と実践−現代社会の人間理解−　樹村房

河合隼雄（1967). ユング心理学入門　培風館

クレッチマー, E. 相場均（訳）(1960). 体格と性格　文光堂
(Kretschmer, E. (1921). Körperbau und & charakter. Berlin : Springer.)

前田　聰（1985). 虚血性心疾患患者の行動パターン：簡易質問紙法による検討　心身医学 **25**（4），297 – 306.

佐藤淳一（2005). Jungの心理学的タイプ測定尺度（JPTS）の作成　心理学研究　**76**（3），203 – 210.

下仲順子・中里克治・権藤恭之・高山緑（1999). 日本版 NEO-PI-R, NEO-FFI 使用マニュアル　東京心理

Temoshok, L. (1987). Personality, coping style, emotion and cancer : towards an integrative model. *Cancer Surveys*, **6**, 545 – 567.

辻平治郎（1998). 5因子性格検査の理論と実際　北大路書房

和田さゆり（1996). 性格特性用語を用いた Big Five 尺度の作成　心理学研究，**67**（1），61 – 67.

Williams, R.B., Haney, T. L., Lee, K. L., Kong, Y. H., Blumenthal, J. A. & Whalen, R.E. (1980). Type A Behavior, Hostility, and Coronary Atherosclerosis. *Psychosomatic Medicine*, **42**, 539 – 549.

山岡　重行（2010). 血液型のイメージの良さと血液型に由来する不快体験の関係　日本パーソナリティ心理学会大会発表論文集(19)，108.

Youn, Y., Lyoo, I. K., Kim, J., Park, H., Ha, K., Lee, D. S., Abrams, K. Y., Lee, M. C., & Kwon, J. S. (2002). Relationship between personality trait and regional cerebral glucose metabolism assessed with positron emission tomogramphy. *Biological Psychology*, **60**, 109 – 120.

引用・参考文献

第12章

米国精神医学会（著） 高橋三郎・大野　裕・染矢俊幸（訳）（2003）．DSM－Ⅳ－TR 精神疾患の分類と診断の手引（新訂版） 医学書院

國分康孝（1979）．カウンセリングの技法　誠信書房

日本心理学諸学会連合 心理学検定局（編）（2009）．心理学検定　基本キーワード　実務教育出版

サトウタツヤ・高砂美樹（2003）．流れを読む心理学史　有斐閣

下山晴彦（2000）．心理臨床の発想と実践（心理臨床の基礎　1）岩波書店（下山, 2009による引用）

下山晴彦（編）（2009）．よくわかる臨床心理学（改訂新版）　ミネルヴァ書房

下山晴彦（2010）．これからの臨床心理学　東京大学出版会

Smith, E. E., Nolen-Hoeksema, S., Fredrickson, B. L., Loftus, G. R.（2003）. Atkinson and Hilgard's Introduction to Psychology (14 th edition). Belmont, CA : Wadsworth Thomson Learning.

渡邉映子（2003 a）．臨床心理学とは何か　杉原一昭（監）はじめて学ぶ人の臨床心理学　中央法規出版, 2 － 4.

渡邉映子（2003 b）．臨床心理学の誕生と発展　杉原一昭（監）はじめて学ぶ人の臨床心理学　中央法規出版, 4 － 8.

Witmer, L.（1907）. Clinical psychology. Psychological Clinic, **1**, 1 － 9.（サトウ・高砂, 2003による引用）

第13章

Brown, B. B.（1989）. The role of peer groups in adolescent's adjustment to Secondary school. In Berndt, T. J. & Ladd, G, W.（eds.）*Peer Relationships In Child Development*. John Wiley & Sons, Inc., 96 － 171.

榎本淳子（2003）．青年期の友人関係の変化－友人関係における活動・感情・欲求と適応－　風間書房

原田恵理子・渡辺弥生（2009）．攻撃性の高い男子高校生に対する支援　－ソーシャルスキルトレーニングとコンサルテーションを中心に－カウンセリング研究, **2**, 301 － 311.

保坂　亨（2000）．学校を欠席する子どもたち　長期欠席・不登校から学校教育を考える　東京大学出版会

文部科学省（2003）．今後の不登校の在り方について　2003年 3月 http://www.mext.go.jp/b_menu/public/2003/03041134.htm

文部科学省（2010）．平成21年度「児童生徒の問題行動等生徒指導上の諸問題

に関する調査」の確定値及び訂正値の公表について　2010年12月
http://www.mext.go.jp/b_menu/houdou/22/12/1300746.htm
森田洋司・清水賢二　(1994)．新訂版　いじめ-教室の病　金子書房
大友秀人　(2002)．いじめの生態学的研究　-高等学校での12年間のケース分析より　学校心理学研究，**2**，19-25．
武田さち子　(2007)．現代の「いじめ」の傾向　-犯罪化と携帯電話・インターネットによる「いじめ」　児童心理，357　金子書房
滝川一廣　(1994)．家庭のなかの子ども　学校のなかの子ども　岩波書店
渡辺弥生・小林朋子編　(2009)．10代を育てるソーシャルスキル教育　北樹出版

第14章

Baddeley, A. D., & Hictch, G. J. L. (1974). Working memory. In G. A. Bower (Ed.), *The psychology of learning and motivation : Advances in research and theory* (Vol. 8, pp. 47-89). New York : Academic Press.

Donald, F. M. (2008). The classification of vigilance tasks in the real world. *Ergonomics*, **51** (11), 1643-1655.

Engle, R. W. (2001). What is working memory capacity? *The nature of remembering : Essays in honor of Robert G. Crowder*. (pp. 297-314) : Washington, DC, US : American Psychological Association.

LaBerge, D. (1981). Automatic information processing : A review. In J. Long & A. Baddeley (Eds.), *Attention and Performance* **9** (pp. 173-186). Hillsdale, New Jersey : Lawrence Erlbaum Associates.

Luchins, A. S., & Luchins, E. H. (1950). New experimental attempts at preventing mechanization in problem solving. *Journal of General Psychology,* **42**, 279-297.

Mackworth, J. F. (1970). *Vigilance and habituation : A neuropsychological approach* : Oxford, England : Penguin Books.

MacLeod, C. M. (2005). The Stroop Task in Cognitive Research, *Cognitive methods and their application to clinical research*. (pp. 17-40) : Washington, DC, US : American Psychological Association.

Norman, D. A. (1981). Categorization of action slips. *Psychological Review,* **88** (1), 1-15.

Reason, J. (1990). *Human error*. NY : Cambridge University Press.

Redick, T. S., Heitz, R. P., & Engle, R. W. (2007). Working memory capacity and inhibition : Cognitive and social consequences, *Inhibition in cognition*. (pp. 125-142) : Washington, DC, US : American Psychological Association.

引用・参考文献

Schneider, W., & Shiffrin, R. M. (1977). Controlled and automatic human information processing: I. Detection, search, and attention. *Psychological Review,* **84**（1）, 1–66.

Shiffrin, R. M., & Schneider, W. (1977). Controlled and automatic human information processing: II. Perceptual learning, automatic attending and a general theory. *Psychological Review,* **84**（2）, 127–190.

重森雅嘉（2007）．情報処理段階を越えたエラーメカニズムの共通性．日本認知心理学会第5回大会発表論文集, 京都大学, 京都．

重森雅嘉（2009）．発生メカニズムに基づいた行為・判断スリップの分類．心理学評論, **52**（2）, 186–206.

Stroop, J. R. (1935). Studies of interference in serial verbal reactions. *Journal of Experimental Psychology,* **18**（6）, 643–662.

Swain, A. D., & Guttmann, H. E. (1983). Handbook of human reliability analysis with emphasis on nuclear power plant applications. Wasington, D.C.: U.S. Nuclear Regulatory Commission.

第15章

Canter, D. & Larkin, P. (1993). The environmental range of serial rapists. *Journal of Environmental Psychology*, **13**, 63–69.

藤岡淳子（2007）．犯罪・非行の心理臨床の基礎　藤岡淳子編　犯罪・非行の心理学　有斐閣ブックス

Kind, S. S. (1987). Navigational ideas and the Yorikshire Ripper investigation. *Journal of Navigation*, **40**, 358–393.

桐生正幸（2002）．捜査の現場−事件は現場で起きている　笠井達夫・桐生正幸・水田恵三編　犯罪に挑む心理学　北大路書房

小林寿一（2008）．少年非行の原因と説明理論　小林寿一編著　少年非行の行動科学　北大路書房

Loftus, E. F., & Palmer, J. C. (1974). Reconstruction of automobile destruction: An example of the interaction between language and memory. *Journal of Verbal Learning and Verbal Behavior*, **13**, 585–589.

松本亜紀・大上渉・友清直子・小泉令三・山田洋平（2011）児童自立支援施設における再犯防止学習プログラムの実践−SEL−8 D学習プログラムによる情動的知性の育成効果　日本心理学会第75回大会論文集, 352.

松本俊彦（2007）．犯罪・非行の個別的要因①パーソナリティ要因　藤岡淳子編　犯罪・非行の心理学　有斐閣ブックス

越智啓太（2008）．犯罪捜査の心理学　化学同人

大渕憲一（2006）．犯罪心理学－犯罪の原因をどこに求めるのか－　培風館
大上渉・箱田裕司・大沼夏子（2006）．凶器の視覚的特徴が目撃者の認知に及ぼす影響，心理学研究，77，443-451．
生島浩（2003）．非行臨床の焦点　金剛出版
高橋良彰（1999）．新犯罪社会心理学　学文社
渡邉和美（2004）．プロファイリングによる捜査支援　渡辺昭一編（2004）．捜査心理学　北大路書房
渡辺昭一（2004）．取調べと自供の心理　渡辺昭一編（2004）．捜査心理学　北大路書房
横田賀英子（2004）．証言の心理　捜査のための法科学　第一部（法生物学・法心理学・文書鑑識）令文社

さくいん

あ行

アイゼンク　8
愛着　78
アイデンティティ　90
曖昧さ　111
明るさの恒常性　17
アスペルガー障害　151
アセスメント　143, 167
アッシュ　104
アノミー理論（緊急理論）
　　182
アルトマン　109
暗順応　15
鋳型照合モデル　52
意思欠如型　184
意思決定　109
いじめ　85
維持リハーサル　42
位置の恒常性　17
遺伝　61
イド　150
意味記憶　44
イメージ的思考　58
色立体　15
イワン・パヴロフ　6, 29
ウィトマー　7
ウェーバー＝フェヒナーの
　　法則　3
ウェルニッケ領域　57
ヴェルトハイマー　6
ウォルスター　108
内観察法　153
内集団びいき　120
内田・クリペリン精神作業
　　検査　138
うつ病　151
うわさ　111
運動残効　19
運動視差　18
ヴント　3
栄光欲　120
SVR 理論　108
エピソード記憶　44
エビングハウス　2
絵本の読み聞かせ　87
MMPI　136
演繹的推論　60
円仮説　190
大きさの恒常性　17
オールポート　111, 134
オペラント条件づけ　28

か行

絵画統覚検査　137
解離　151
外見的魅力　108
外向型　130
外発的動機づけ／内発的
　　動機づけ　85
カウンセリング　8, 166
鏡映像　79
カクテルパーティー現象
　　25
確率判断　60
仮現運動　6, 18
仮説検証型データ処理
　　105
仮説的構成概念　10

家族療法　153
画像優位性効果　47
形の恒常性　17
カニッツァの三角形　16
空の巣症候群　98
感覚・運動期　77
感覚間協応　78
葛藤体験　82
観察学習　34
観察法　9, 149
慣習　85
干渉　40
機能主義心理学　4
帰納的推論　60
規範信念　183
基本的情動　66
逆向干渉　40
ギャラップ　79
ギャング・エイジ　85, 164
嗅覚　78
凶器注目効果　188
恐怖喚起コミュニケーショ
　　ン　111
クレッチマー　130
具体的操作性　84
虞犯少年　191
経験主義　2
系統的脱感作法　35
系列位置曲線　43
ケーラー　7
ゲシュタルト心理学　5
検査法　9, 149
検索　40
言語理解　52

光学的流動パターン　18
構成主義心理学　6
構成的グループエンカウン
　　ター（SGE）　153,161
行動主義　5
行動療法　8,35,152
コールバーグ　85
國分康孝　153
心の理論　82
個人主義　124
個人情報　109
個性記述的　8
古典的条件づけ　28
コミュニティ心理学
　　　　　　　　153
コルチ器　20
混色　15

さ行

裁決項目　186
斉射説　21
正の強化　32
正の罰　32
作業検査法　137
錯視　3
サクセスフル・エイジング
　　　　　　　　98
三原色　15
死　76
シェイピング法　36
ジェームス　4
視覚　77
視覚的探索　25
視覚的補完　16
自我　150
時系列的変化　75
視交叉　14

自己開示　109
自己関連づけ効果　47
自己高揚動機　120
自己主張　83
自己制御　83
自己像　80
自己認知　79
自己抑制　83
事後情報効果　187
視細胞　14
思春期　86
質的研究　10
質問紙法　136
実験心理学　4
実験の研究　9
実践活動　143
自動運動　18
児童期　75
自発的回復　30
自発的記憶　87
視野闘争　18
社会性と情動のプログラム
　　　　　　　　194
社会的学習　34
社会的実存性　117
社会的浸透理論　110
シャクター　111
集中学習　47
集団規範　123
集団極性化　119
集団主義　124
集団力学（グループダイナ
　　ミクス）　7
習得的行動　76
重心仮説　190
主観的輪郭　16
主要5因子モデル（特性

　　5因子モデル）　134
従属変数　9
受容野　14
順向干渉　40
生涯発達心理学　76
情性欠如型　184
情報的影響　116
触法少年　191
触覚　78
初頭効果　43,105
上位目標　121
条件づけ　28
条件反射　6
条件反応　30
情緒　79
情動二要因説　69
事例に基づく推論　62
進化論　2
親近効果　43
心神喪失者　191
心神耗弱者　191
信頼性　10
心理学的クリニック　7
心理療法　147
推測統計学（推計学）　9
スクールカウンセラー
　　　　　　　　166
ステレオタイプ　105
ストレンジ・シュチュエー
　　ション法　79
スピルオーバー　95
性格判断　130
静止網膜像　19
精神医学的な診断基準
　　　　　　　　150
精神失調症　151
精神遅滞・学習障害

223

さくいん

精神病質　184
精神物理学　3
精神分析学　142
生成継承性　93
生態学的妥当性　25
精緻化　47
生得的行動　76
制度的手段　182
生物学的心理学　4
説得的コミュニケーション　110
説明に基づく学習　62
説明に基づく推論　62
宣言的記憶　44
専門活動　145
全件送致主義　191
前操作期　80
相関係数　9
相関的研究　9
双極性（気分）障害　151
相互作用　76
相談室登校　163
ソーシャルスキルトレーニング　161
組織市民行動　125

た行

ターマン　7
ダーウィン　2
対象の永続性　77
対人印象形成　104
対人コミュニケーション　111
対比効果　120
代理強化　34
多義図形　16
他者視点　80
他者との愛着　183
妥当性　10
短期記憶　41
ダンカン　106
知覚的補完　16
知覚の恒常性　17
知能検査　7
調査法　9
中心特性　104
中枢起源説　69
チャム・グループ　164
チャンク　42
注意欠陥／多動性障害　151
注視　77
聴覚　77
長期記憶　41
超高齢社会　98
超自我　150
地理的プロファイリング　189
テイラー　110
DSM-IV　155
デシベル　21
テスト・バッテリー　149
手続き記憶　44
伝言ゲーム　112
投影法　137
統合失調症　150
同化効果　121
動機づけ　84
同調・服従　116
道徳性　85
トークン・エコノミー法　36

特性論　133
特徴分析モデル　52
都市伝説　112
独立変数　9

な行

内向型　130
内面　86
成瀬悟策　153
西周　4
二重貯蔵モデル　43
乳児期　75
認知心理学　7
認知的経済性　58
認知面接　188
脳画像研究（ニューロイメージング研究）　25
喉まででかかる（tip-of-the-tongue）現象　41

は行

バーディッツ　111
パーソナリティ障害（人格障害）　184
ハイパーコラム　15
爆発型　184
罰　32
発達　75
バッファーゾーン　190
般化　31
犯行知識調査　186
犯罪者プロファイリング　189
犯罪少年　191
反社会性パーソナリティ障害　184
反転図形　16

ピアカウンセリング　161
ピアジェ　77
P-Fスタディ　137
PM理論
PTSD（心的外傷後ストレス症候群）　154, 159
比較心理学　3
非裁決項目　186
ビック・ファイブ　134
ビネー　7
表象機能　80
フェヒナー　3
フォルマント　23
不快感情　79
符号化方略　40
不適応　85
物理的実在性　116
不登校　85, 162
負の強化　32
負の罰　32
部分登校　166
プライミング効果　46
プラグナンツの法則　16
ブリッジズ　79
フロイト　6
ブローカ領域　57
プロトタイプ　59
分散学習　47
分析心理学　152
文脈効果　47
別室登校　163
ヘルマン格子錯視　17
偏見　106
弁別素性　23

法則定立的　8
防御機制　150
ホール　4
保健室登校　163

ま行

マースタイン　108
マガーク効果　23
マジカルナンバー7±2（不思議な数7±2）　42
末梢起源説　68
味覚　78
三つ山課題　80
ミュラー・リヤー錯視　17
ミラー　106
無意識　150
無条件反応　29
無秩序型　189
明順応　15
命題的思考　58
メタ認知　84
メタ認知的知識　62
面接法　9, 149
妄想性パーソナリティ障害　184
元良勇次郎　5
モデリング　34
模倣　77
モラトリアム　90
森田正馬　153
森田療法　153

や行

矢田部・ギルフォード性格検査（Y-G性格検査）　136
役割形成　125
やる気　84
誘導運動　19
ユング　6, 130
幼児期　75
吉本伊信　153

ら行

来談者（クライエント）中心療法　152
ラベリング理論　183
リーダーシップ　124
リーチング　77
リヴァプール方式　189
立体視　18
両眼視差　18
両耳聴　22
量的研究　10
臨床心理学　7, 143
類型論　130
ルイス　79
レヴィン　7
ロールシャッハ・テスト　137
ロジャーズ　8
論理的思考　84

わ行

ワトソン　5
われわれ意識　123

225

編著者・執筆者紹介

越智 啓太（おち けいた）（編著者）
法政大学文学部心理学科教授

高砂 美樹（たかすな みき）
東京国際大学人間社会学部教授

米村 朋子（よねむら ともこ）
独立行政法人産業技術総合研究所
ヒューマンライフテクノロジー
研究部門特別研究員

丹藤 克也（たんどう かつや）
愛知淑徳大学心理学部専任講師

二瀬 由理（にのせ ゆり）
東北工業大学ライフデザイン学部
経営コミュニケーション学科
准教授

野畑 友恵（のばた ともえ）
獨協医科大学基本医学基盤教育
部門心理学助教

坪井 寿子（つぼい ひさこ）
東京未来大学こども心理学部
こども心理学科准教授

東海林 麗香（しょうじ れいか）
山梨大学大学院教育学研究科教育
実践創成専攻准教授

田島 司（たじま つかさ）
北九州市立大学文学部
人間関係学科教授

中村 晃（なかむら あきら）
千葉商科大学商経学部教授

相良 陽一郎（さがら よういちろう）
千葉商科大学商経学部准教授

原田 恵理子（はらだ えりこ）
東京情報大学教職研究室／教養・
教職・学芸員課程准教授

重森 雅嘉（しげもり まさよし）
公益財団法人鉄道総合技術研究所
人間科学研究部安全心理
主任研究員

大上 渉（おおうえ わたる）
福岡大学人文学部文化学科准教授

カバーデザイン／近藤　穂波

心理学 こころと行動のメカニズムを探る

2012年1月11日　初版発行
2013年7月8日　初版第2刷

検印廃止

編著者ⓒ　越智　啓太
発行者　　大塚　栄一

発行所　株式会社 **樹村房** JUSONBO

〒112-0002　東京都文京区小石川5丁目11番7号
電　話　東　京 (03) 3868-7321
ＦＡＸ　東　京 (03) 6801-5202
http：//www.jusonbo.co.jp/
振替口座　　00190-3-93169

印刷・亜細亜印刷／製本・愛千製本所
乱丁・落丁本はお取り替えいたします。

ISBN 978-4-88367-214-1